550

De Spaanse roman
na 1975

PETER VENMANS

PEETERS
1997

Omslagillustratie: Eduardo Arroyo, "El caballero español" (1970), Galerij Arte Borgogna, Milaan.

ISBN 90-6831-930-2
D. 1997/0602/39

Inhoud

Vooraf

Zowel in binnen- als in buitenland wordt het beeld van de Spaanse literatuur nog grotendeels bepaald door de schrijvers uit de Gouden Eeuw (*el Siglo de Oro*). Eigenlijk gaat het om twee eeuwen: de zestiende en de zeventiende. Miguel de Cervantes, Pedro Calderón de la Barca, Tirso de Molina en Lope de Vega behoren tot de vaste canon van de wetenschappelijke hispanistiek, net als de grote mystieke schrijvers San Juan de la Cruz en Santa Teresa de Avila.

Daarna, zo wil het een hardnekkige zwarte legende, begon de onomkeerbare teloorgang van de Spaanse cultuur. In de achttiende eeuw werd naar verluidt nauwelijks literatuur van waarde geschreven. Volgens de Mexicaanse dichter-essayist Octavio Paz heeft men aan de andere kant van de Pyreneeën de Verlichting gewoonweg overgeslagen, waardoor Spanje veel te laat aansluiting met de moderniteit kreeg. Heeft er nooit een Spaanse Voltaire of Kant bestaan, de negentiende eeuw was volgens velen al even leeg, met uitzondering dan van de grote romanschrijver en chroniqueur Benito Pérez Galdós (1843-1920), die ook wel de Spaanse Balzac genoemd wordt.

In 1898 verloor Spanje met Cuba, Puerto Rico en de Filippijnen zijn laatste kolonies. Paradoxaal genoeg wordt dit rampenjaar (*el Desastre*) in de literatuurgeschiedenis vaak beschouwd als het begin van een intellectuele en artistieke Zilveren Eeuw (*la Edad de Plata*). Het jaar 1898 heeft zelfs zijn naam gegeven aan een belangrijke schrijversgeneratie, de zogenaamde *noventaiochistas*, waartoe voornamelijk essayisten behoren zoals Miguel de Unamuno en José Ortega y Gasset. Tegelijkertijd kwam uit Latijns-Amerika de mode van het *modernismo* overwaaien.

Een nieuwe hergroepering van auteurs vond plaats in 1927, naar aanleiding van de vierhonderdste verjaardag van de dood van de barokdichter Luis de Góngora. Tot de generatie van '27 horen onder anderen de dichters Antonio Machado en Federico García Lorca. Volgens de Nederlandse criticus Robert Lemm vormen zij samen met de '98-er Miguel de Unamuno het literaire hoogtepunt van de Spaanse twintigste eeuw.

Spanje bracht een tijdlang ook van de beste avant-gardekunst voort: denken we maar aan de schilders Salvador Dalí, Pablo Picasso en Joan Miró en aan de surrealistische cineast Luis Buñuel. Manuel de Falla behoort tot de vaste referenties van de moderne muziek. De veelbelovend begonnen Zilveren Eeuw bleek echter maar een kort leven beschoren. In 1936 werd zij bruusk afgebroken door de Burgeroorlog, een bloedige hap uit de Spaanse geschiedenis die meer dan drie jaar zou duren. De genadeloze repressie die daarop volgde en de culturele kaalslag van bijna vier decennia nationaal-katholicisme bleken voor de naoorlogse literatuur en cultuur nefast. Opnieuw sloeg de Inquisitie toe, ditmaal onder de vorm van de franquistische censuur.

Tot zover het stereotiepe beeld van de Spaanse literatuur dat zowel in Spanje zelf als in het buitenland bestaat. Ook in het Nederlandse taalgebied wordt dat beeld beheerst door de grote namen uit de Gouden en de Zilveren Eeuw. Het lijkt soms alsof er na Lorca niets meer van waarde geschreven is. Een van de factoren van deze selectieve belangstelling is dat de hispanistiek hier te lande altijd een bescheiden discipline geweest is, die aan de overgeleverde sjablonen niet veel heeft willen of kunnen tornen. De vertaling en promotie van Spaanse literatuur waren meestal het werk van eenzame *aficionados* of hispanofielen, die in hun enthousiasme slechts spaarzaam door het publiek gevolgd werden.

Bij moderne Nederlandse en Vlaamse schrijvers is Spanje als thema ook al niet aan de orde, behalve dan voor het beperkte aantal dat door Maarten Steenmeijer gebundeld is in de bloemlezing *Het Spanje-verlangen*. De invloed van moderne Spaanse auteurs is zo goed als nihil. Zelfs de halve Spanjaard Cees Nooteboom blijkt weinig of niet geïnteresseerd in de hedendaagse literatuur van het schiereiland. Met *De omweg naar Santiago* heeft hij weliswaar een prachtig en nu al klassiek Spanjeboek geschreven, maar het land

waar Nooteboom het over heeft, is een literaire wensdroom, een
Eeuwig Spaans Theater met archetypische acteurs uit goeddeels
vervlogen tijden. Zo eindigt het boek met een litanie van wel meer
dan dertig namen, waaronder Alfons de Wijze en Filips de Tweede,
Santa Teresa de Avila en San Juan de la Cruz, el Cid en Sancho
Panza, Averroës en Seneca, de Hadjib van Córdoba en Abraham
Benveniste... Met andere woorden: de canon. Over Camilo José
Cela, Eduardo Mendoza of Carmen Martín Gaite, schrijvers uit
het hedendaagse Spanje, geen woord.

Inmiddels oogsten tal van jonge Spaanse auteurs in binnen- en
buitenland erkenning: Almudena Grandes, Javier Marías, Juan
José Millás, Antonio Muñoz Molina, Arturo Pérez-Reverte en vele
anderen hebben hun plek in de moderne Europese literatuur ver-
overd. Overijverige critici spreken zelfs van een *boom* van de
Spaanse roman, in navolging van het plotselinge succes van de
Latijns-Amerikanen in de jaren zestig en zeventig, met namen als
Gabriel García Márquez, Mario Vargas Llosa en Carlos Fuentes.
Anderen temperen het enthousiasme en bevestigen alleen dat
Spanje terug is van weggeweest. In plaats van over een explosief
succes spreken zij liever over een normalisering van de situatie na
het franquisme.

In het Nederlands is een zeventigtal romans van na 1975 vertaald, van in totaal meer dan twintig auteurs. Al bij al is dat een
zeer behoorlijk cijfer. De bekendste roman is zonder twijfel *De stad
der wonderen* van Eduardo Mendoza, maar verscheidene andere
titels zijn herdrukt en in pocketuitgave verkrijgbaar. Daarentegen
is het onthaal door de kritiek beperkt gebleven tot de gebruikelij-
ke recensies, een handvol interviews met auteurs en een thema-
nummer van het tijdschrift *Bzzlletin*. Tot op heden bestaat er in
onze taal nog geen systematisch overzicht van het jongste Spaanse
proza.

Mijn bedoeling is om die lacune op te vullen en een beeld te
geven van de Spaanse literatuur na 1975 voor zover die in
Nederlandse vertaling beschikbaar is. Dit uitgangspunt houdt
natuurlijk beperkingen in. Ik vertrouw er bijvoorbeeld op dat het

corpus van de vertalingen representatief is voor de totale literatuurproductie in Spanje en ga voorbij aan het bestaan van een ver-
taalfilter die maakt dat sommige teksten de grens passeren en
andere niet.

Een van de uitdagingen van de criticus is om de canon ter discussie te stellen, naar eigen inzicht te herschikken, aan te vullen,
desgewenst onderuit te halen. Niet alles wat succes heeft, is boeiend en omgekeerd krijgt heel wat interessant werk onvoldoende
aandacht. Als we het over de moderne Spaanse literatuur hebben,
moeten we onze doelstellingen echter bijstellen. Ten eerste is de
moderne canon nog volop in ontwikkeling: hoewel slechts een
beperkt aantal auteurs de discussie bepaalt, bestaat er nog geen
consensus over de romans die er werkelijk toe doen. Ten tweede
moeten we rekening houden met de culturele afstand tussen
het Spaanse en het Nederlandse taalgebied: zelfs een grote naam
als Cela is hier door weinigen gekend, laat staan dat hij grondig
bestudeerd wordt. Wat volgt, is dan ook een inleiding, geen uit-
puttende beschrijving van het corpus.

Verantwoording

Alle boektitels worden in een bestaande Nederlandse vertaling geciteerd. In het andere geval werd voor de originele Spaanse titel gekozen. Waar de publicatiedatum in de tekst vermeld staat, betreft die evenwel altijd de oorspronkelijke Spaanse uitgave. Voor het volledige bibliografische adres verwijs ik naar de literatuurlijst achterin.

Ik heb alle hoofdstukjes speciaal voor dit boek geschreven, maar heb daarbij gebruik gemaakt van mijn boekbesprekingen voor *De Morgen* en *Nieuw Wereldtijdschrift*. Korte voorstudies verschenen in *Kruispunt, Romaneske* en *Yang*.

Een deel van het onderzoek heb ik verricht in Madrid dankzij een beurs van het Spaanse Ministerie van Buitenlandse Zaken (april 1995). Ik bewaar goede herinneringen aan de Residencia de Estudiantes en aan de bibliotheken van het Ateneo de Madrid en Casa de Velázquez.

Veel mensen waren mij behulpzaam bij de totstandkoming van dit boek. In het bijzonder dank ik Christian De Paepe en Nicole Delbecque, hispanisten aan de K.U.Leuven, en Ilse Logie, mijn collega van *De Morgen*. Zij waren bereid een eerste versie van de tekst door te nemen en gaven waardevolle adviezen. Laura Dessens verzorgde een laatste revisie; Koen Geldof was mij moreel en materieel tot steun. Tenslotte zij mijn vrouw Nadia Lie vermeld. Van meetaf aan geloofde zij in het project, zij las de eerste versie en voorzag me van kritisch commentaar. Zonder haar was dit boek er niet geweest.

Voor de tekortkomingen acht ik alleen mezelf verantwoordelijk.

I. Context en voorgeschiedenis

1. Het Nieuwe Spanje

Ook in een overzicht van de literatuur ontkomen we niet aan de datum van 20 november 1975. Op die dag overleed Francisco Franco Bahamonde, de man die zichzelf tot *Caudillo* van Spanje uitriep en het land bijna veertig jaar in zijn ban hield. De *generalísimo* stierf gewoon in zijn bed, na veertig dagen doodstrijd, niet gehinderd door een revolutie of algemene staking. Hij overleed – zoals Félix de Azúa later zou schrijven – 'hoewel iedereen het hem afraadde: de burgerij, de financiën, de administratie, de industrie, de Kerk, de meeste vrije beroepen, het leger (de zogenaamde "feitelijke machten"), de handel, de mineralen, de planten en het dierenrijk'. Sindsdien is er een voor en een na. Velen herinneren zich nog als de dag van gisteren wat ze deden toen ze de dood van de generaal vernamen.

Eigenlijk zat vriend en vijand op dit moment te wachten, de enen met benauwenis, de anderen met hoge verwachtingen. Franco had zichzelf al geruime tijd overleefd: hij was zichzelf gebleven terwijl de maatschappij onherroepelijk veranderd was. Zo had er zich, grotendeels tegen Franco's wil in, een feitelijke liberalisering van de zeden voorgedaan. Belangrijke factoren daarbij waren de economische politiek van openheid of *apertura* eind jaren vijftig, de televisie, de komst van miljoenen toeristen naar de kusten en de emigratie van honderdduizenden Spaanse gastarbeiders. Twee domeinen ontsnapten aan de liberalisering: de politieke ideologie (het nationaal-katholicisme) en de seksuele moraal (gebaseerd op *decencia* of goed fatsoen). Inmiddels reisden volgens de legende duizenden Spanjaarden speciaal naar Perpignan om Marlon Brando en Maria Schneider aan het werk te zien in *Last Tango in Paris*. Volgens Manuel Vázquez Montalbán is het aan Brando te danken dat de consumptie van roomboter op het schiereiland dat jaar de hoogte ingegaan is.

Na het 'biologische feit' (zoals men de dood van Franco was gaan noemen) begon de gevaarvolle periode van de *Transición*. Achteraf gezien is de overgang naar de democratie vrijwel voorbeeldig verlopen, maar het waren spannende tijden, waarover menig boek geschreven is en men nog tot op de dag van vandaag debatteert. In de laatste levensdagen van Franco trad artikel 11 van de grondwet in werking waardoor de opperste staatsmacht of *jefatura del Estado* overgedragen werd aan prins Juan Carlos de Borbón. Veel fiducie hadden de Spanjaarden aanvankelijk niet in hem. Men had de jonge prins op plechtigheden altijd in de schaduw van Franco gezien. Deze beschouwde hem als een geadopteerde zoon en regelde zijn hele opvoeding (in het Spaanse leger). Toen Franco in 1969 officieel bekend maakte dat Juan Carlos hem zou opvolgen, liet hij hem voor het opgetrommelde parlement een eed van trouw zweren aan de principes van de falangistische Movimiento Nacional. In een interview met Oriana Fallaci noemde de communistenleider Santiago Carrillo Juan Carlos 'een marionet die Franco naar believen manipuleert, een stumper die tot geen enkele waardigheid of politiek inzicht in staat is. Hij is een stuk onbenul dat tot zijn nek in een avontuur verzeild is geraakt dat hem duur zal komen te staan'.

Het interview werd afgenomen in oktober 1975 in Parijs. Twee jaar later zou Carrillo moeten toegeven dat hij zich zwaar vergist had. Weliswaar kreeg Juan Carlos het de eerste jaren behoorlijk moeilijk, juist vanwege de franquistische erfenis die niet geliquideerd was, maar uiteindelijk slaagde hij erin de monarchie voor de meerderheid van de Spanjaarden acceptabel te maken. Sterker nog: dat de *Transición* uiteindelijk gelukt is, is volgens velen aan hem te danken. Vooral de manier waarop hij op 23 februari 1981 (*23-F*) de militaire staatsgreep van luitenant-kolonel Antonio Tejero verijdelde, heeft Juan Carlos het nodige krediet opgeleverd, zowel bij de politieke leiders en het grote publiek in Spanje alsook in het buitenland. De oppositie tegen de monarchie lijkt nu nog beperkt tot de Baskische nationalisten en een aantal mensenrechten-activisten.

Ook over de manier waarop Spanje na de dood van Franco moest evolueren kwam men tamelijk snel tot een consensus. In 1975 stonden de fracties nog lijnrecht tegenover elkaar. Een minderheid van de franquistische politici, de zogenaamde *continuistas*, wilde zo weinig mogelijk veranderen en bleef voorstander van een autoritair regime. Belangrijker in aantal waren de *renovadores* of *reformistas* die door middel van geleidelijke hervormingen Spanje wilden democratiseren. Deze liberalen en conservatieven, bekend onder de naam *aperturistas*, hadden al vanaf de jaren zestig deel uitgemaakt van verschillende Franco-regeringen. In 1975 zouden zij de steun krijgen van de voormalige *oposición tolerada*, waaronder de christen-democraten en de gematigde nationalisten.

Tegenover de *reforma* stond het model van de *ruptura* of de breuk met het verleden, voorgestaan door de antifranquistische oppositie, zowel door de linkse (communistische en socialistische) als door de nationalistische (vooral van de Basken). Het revolutiemodel was een erfenis uit het verleden, van de zogenaamde *socialistas históricos* – zoals de befaamde La Pasionaria – die na de Burgeroorlog in ballingschap waren gegaan.

Uiteindelijk hebben de reformisten het gehaald, dankzij het doortastende optreden van minister-president Adolfo Suárez (ex-minister van Franco) en de loyale steun van koning Juan Carlos. Beslissend is ook geweest dat Felipe González van de socialistische PSOE-partij zich op tijd van zijn pragmatische kant liet zien, tegen de *socialistas históricos* in; González werd daarom door zijn politieke tegenstanders als eerste 'postsocialist' van Europa aangemerkt. Santiago Carrillo van de communistische PCE had al eerder eieren voor zijn geld gekozen. Hun beider partijen werden gelegaliseerd in 1977, een paar maanden voor de eerste verkiezingen sinds 42 jaar, samen met de afschaffing van de Movimiento Nacional.

De *reforma* was alleen mogelijk dankzij een monsterverbond tussen de aartsvijanden van meer dan veertig jaar. Onder het franquisme hadden twee Spanjes tegenover elkaar gestaan: de winnaars en de verliezers van de Burgeroorlog. Franco had altijd de verzoe-

ning geweigerd, omdat dat volgens hem een pact met de vijand
inhield. Symbolisch voor deze toestand van Koude Oorlog waren
twee politieke figuren: aan de ene kant Santiago Carrillo, de man
van Moskou en latere eurocommunist; aan de andere kant Manuel
Fraga Iribarne, ex-minister van Franco en ondanks zijn pragmatische instelling een overtuigd anticommunist. Allebei werkten ze
mee aan de totstandkoming van de grondwet van 1978. Opdat het
monsterverbond zou slagen, sloot men een pact van de stilte af,
ook wel *paz de Diós* (godsvrede) of *punto final* genoemd. Er zouden geen zuiveringen komen in het politie-apparaat en geen hek-
senjacht op de medewerkers van het oude regime. Resoluut ging
men over tot de democratische orde van de dag.

Volgens de nieuwe grondwet werd Spanje opgedeeld in zeventien Autonome Gemeenschappen met elk een eigen regering, parlement en hoogste gerechtshof. Ondanks de zeer ingewikkelde
staatsstructuur die eruit voortkwam, is deze snelle federalisering
nog altijd een staaltje van staatsmanskunst geweest, eerst van de
christen-democraat Adolfo Suárez, later van de sociaal-democraat
Felipe González. De grondwet van 1978 bekrachtigde ook de
monarchie als staatsvorm en schafte de doodstraf af. In het refe-
rendum van december zei bijna 88 procent van de kiezers *sí* aan de
democratie, onder wie koning Juan Carlos zelf.

In oktober 1982, anderhalf jaar na de mislukte militaire coup
van Tejero, won Felipe González met een absolute meerderheid de
verkiezingen. Dat de regeringswissel zonder bloedvergieten verliep
en het leger naderhand het gezag van de socialisten respecteerde,
betekende een overwinning voor de democratie. Ondanks zijn ver-
kiezingsbeloften hield González Spanje in de NAVO, waarvan het
een paar maand eerder lid geworden was. In 1985 loodste hij zijn
land in de (toen nog) Europese Gemeenschap; het lidmaatschap
ging officieel in op 1 januari 1986.

Op economisch vlak sprak men al snel van een klein mirakel,
vergelijkbaar met de *boom* van de Spaanse economie in de jaren
zestig. Het culturele succesverhaal kende zijn hoogtepunt in het
annus mirabilis 1992 met de gelijktijdige organisatie van de
Olympische Spelen in Barcelona, de Wereldtentoonstelling in

Sevilla en de manifestatie rond Madrid Culturele Hoofdstad van Europa, dit alles ter herdenking van de vijfhonderdste verjaardag van de ontdekking van Amerika.

De Italiaanse filosoof en apostel van het postmodernisme Gianni Vattimo noemde Madrid in 1989 al met enige zin voor overdrijving 'la capitale del secolo XX' en 'il laboratorio della nuova existenza post-moderna'. Hij verwees daarmee ongetwijfeld naar het fenomeen van de movida: het intense culturele leven in Madrid toen de charismatische Enrique Tierno burgemeester van de stad was (1979-1986). Mode, design, film en moderne muziek kenden een steile opgang. Gecombineerd met het befaamde Madrileense uitgaansleven gaf dat la movida (letterlijk de 'beweging' of 'happening') met als boegbeeld de cineast Pedro Almodóvar.

Inmiddels zijn de wonderjaren voorbij. Het Madrid van de movida en het olympische Barcelona bestaan niet meer. De economie slabakt (in de ene regio meer dan in de andere) en de hoge werkloosheid baart de opeenvolgende regeringen zorgen. Ook het terrorisme en de corruptie blijven een probleem. Het kortstondige euforische gevoel van alles-is-mogelijk heeft plaatsgemaakt voor desencanto en ontnuchtering. Op de seksuele revolutie, bekend onder de naam el destape of de 'ontkurking', volgde het aids-tijdperk met de roep om vaste relaties en zekerheid. De economische recessie en de niet aflatende sfeer van scandalitis rond de partij van González (corruPSOE of felipismo) maakten begin 1996 de weg vrij voor de conservatieve Partido Popular van José María Aznar. Opnieuw verliep een regeringswissel zonder bloedvergieten: het tegenovergestelde zou iedere waarnemer verwonderd hebben.

Spanje-deskundigen zijn het erover eens dat er na 1975 een nieuw land ontstaan is. Het beste overzicht hiervan biedt The Spaniards van de Engelse journalist John Hooper. Hooper bewijst aan de hand van een uitgebreide documentatie hoe het nieuwe Spanje postgevat heeft op alle gebieden van de samenleving en, belangrijker nog, in de geesten van de burgers. Alles is veranderd: het onderwijs, de huisvestingspolitiek, het openbaar vervoer, de ambtenarij, de Kerk en het leger. Zelfs de beruchte Guardia Civil is niet meer wat ze was, al bleef ze nog tot 1980 de beeltenis van

Franco op haar briefwisseling voeren. In het dagelijkse taalgebruik heeft het vertrouwelijke *tú* de plaats van het vormelijke *Usted* ingenomen. Zelfs taxichauffeurs zijn vriendelijker geworden, aldus Hooper. '*The changes of recent years have not merely produced a new Spain, but a new kind of Spaniard*'. Inmiddels hebben al zoveel journalisten over het Nieuwe Spanje geschreven, dat men zich kan afvragen of hier niet een nieuw cliché geboren is. Overigens stamt de term *España Nueva* uit het begin van de eeuw (in 1904 bestond er een krant met die naam), uit de tijd van het *regeneracionismo* na het verlies van de kolonies in 1898. Ironisch is dat ook Franco de term hanteerde. *El Nuevo Estado* was het Spanje van de Nieuwe Mens dat uit de as van de Burgeroorlog moest verrijzen. Inmiddels hoort deze ideologische bijbetekenis tot het verleden en misschien is dat wel de belangrijkste verworvenheid van de democratie: dat de verwijzing naar Franco niet meer verplicht is. Er is niet langer een voor en een na.

2. De censuur onder Franco

In 1975 stond Spanje klaar om een groot cultureel inhaalmanoeuvre uit te voeren. Na veertig jaar tijdverlies zou de nationale literatuur weer aansluiten bij de rijke traditie van vóór 1936 en haar rechtmatige plaats opeisen binnen de Europese letteren. De these van de inhaalbeweging veronderstelt een voorafgaande fase van repressie en stelt daarmee de vraag naar de aard van de censuur onder het franquisme. Was het wel allemaal zo erg als men het meestal voorstelt? Of was het misschien nog veel erger?

Tot op de dag van vandaag blijft de culturele repressie onder Franco een omstreden kwestie. Dát er repressie geweest is, ontkent niemand. In 1939 emigreerden republikeinsgezinde auteurs en kunstenaars in groten getale naar Frankrijk, Italië, de Verenigde Staten, Canada en Latijns-Amerika. Daar werden literaire tijdschriften opgericht, zoals *Romance* in Mexico en *Ruedo Ibérico* in Parijs, en boeken uitgegeven die in eigen land verboden waren. De Spaanse emigranten stichtten ook uitgeverijen zoals Losada,

Sudamericana en Emecé in Argentinië. De artistieke traditie van het exil of *el destierro* wordt met een term van José Bergamín (1897-1983) *la España peregrina* genoemd: het zwervende of pelgrimerende Spanje. Onder de schrijvers waren belangrijke namen Ramón J. Sender (*Requiem voor een Spaanse boer*, 1960), Francisco Ayala, Max Aub en Juan Ramón Jiménez (Nobelprijs 1956). Meer dan de helft van de Spaanse boeken is in die jaren buiten het schiereiland gepubliceerd. De gevolgen van deze gedwongen emigratie zijn echter niet in cijfers uit te drukken. Juan Ramón Jiménez beperkte zijn creativiteit moedwillig tot het schrijven van elegieën, anderen verloren het meesterschap over hun taal of vonden nooit een nieuw publiek.

Toen de ergste repressie voorbij was, rees voor vele exil-kunstenaars de vraag of ze naar Spanje terug moesten keren. In het buitenland bleven ze afgesneden van hun natuurlijke publiek, maar als ze terugkwamen, betekende dat een propaganda-overwinning voor het regime en moesten ze zich opnieuw onderwerpen aan de censuur, al was die vanaf het eind van de jaren vijftig minder erg dan vroeger. De meerderheid bleef in ballingschap, met als belangrijkste voorbeeld de dichter Rafael Alberti en als grootste uitzondering de schilder Joan Miró. Salvador Dalí was al onmiddellijk na de Burgeroorlog naar zijn geboortegrond Catalonië teruggekeerd, maar die had zich dan ook tot overtuigd franquist ontpopt.

Feit is dat er al in 1939 door de *nacionales* een censuurafdeling opgericht werd met als doel de permanente controle van de Staat op de politieke en morele opvoeding van de burgers. Het instituut voor censuur vormde aanvankelijk een onderdeel van de nationalistische oorlogspropaganda, maar heeft naderhand op verschillende manieren gefunctioneerd. Uiteindelijk was het nog de Kerk die het meest op controle van het geestesleven aandrong. In de censuurcommissies zaten vooral mensen uit het religieuze leven, veel meer dan militairen of falangisten. Het gevolg was preutsheid. In buitenlandse films werden de meest gewaagde scènes weggeknipt en van Spaanse prenten kwamen steevast twee versies in omloop: in de kopie voor het buitenland droeg de zonnende vrouw aan het zwembad een bikini en in de versie voor binnenlands gebruik een hooggesloten badpak. De technici die de stukjes bloot wegschilderden, heetten *retocadores*.

Het paradoxale gevolg van deze verregaande kerkelijke inmenging is dat men nooit een film gedraaid heeft over Santa Teresa de Avila, toch Franco's favoriete heilige, omdat religieuze thema's nu eenmaal zeer gevoelig lagen. Inmiddels konden sterk gepolitiseerde linkse filmmakers nagenoeg ongehinderd hun gang gaan en gaven zij met hun neorealisme zelfs artistiek de toon aan. Het is moeilijk na te gaan hoeveel schade de censuur heeft aangericht in de literatuur. In elk geval niet zoveel dat Camilo José Cela, Spanjes grootste erotomaan en auteur van een woordenboek van obscene termen, niet in eigen land kon publiceren. Wel heeft Cela problemen gehad met zijn debuutroman *De familie van Pascual Duarte* (1942) vanwege de zogenaamde fatalistische strekking ervan; de herdruk van de roman werd gedurende drie jaar tegengehouden. *De bijenkorf* (1951) moest dan weer in Buenos Aires verschijnen nadat de censor het boek wegens immoralisme had afgewezen. Het is de enige roman van Cela die in Spanje verboden werd. Weliswaar zou de auteur in het begin van de jaren vijftig even uitwijken naar Venezuela, maar dat was om financiële redenen. Met *La catira* (1953), een propagandistische roman geschreven in opdracht van de Venezolaanse staatsuitgeverij, is Cela in een klap multimiljonair geworden. Hij ontving er drie miljoen peseta's voor, in die tijd een enorm bedrag. In elk geval leek Cela's strijd met de censuur vanaf die jaren voorbij. Hij bracht nog wel trouw zijn manuscripten naar de hem toegewezen censor, maar veel veranderde die meestal niet meer aan de tekst.

Pikant detail is dat Cela in zijn jonge jaren zelf zijn diensten als censor aan het regime aanbood. Hij publiceerde ook in falangistische tijdschriften. Achteraf heeft hij zijn betrokkenheid bij de nationalistische zaak gebagatelliseerd. Naar eigen zeggen kon hij in die tijd het hoofd financieel nauwelijks boven water houden. In het naoorlogse Madrid was het trouwens weinigen gegeven kieskeurig te zijn; Cela heeft die algemene toestand van armoe en *restricciones* (beperkingen) treffend beschreven in *De bijenkorf.*

Bovendien zou Cela – nog altijd in zijn eigen woorden – als censor weinig vlijt aan de dag gelegd hebben. Het grootste probleem voor schrijvers was waarschijnlijk nog de willekeur waarmee de censuur te werk ging. Vaste regels bestonden er niet. Veel hing af van wie het manuscript in handen kreeg en beoordeelde. Van Vicente Aleixandre is ooit de hele strofe van een gedicht geschrapt omdat het woord *seno* (borst) erin voorkwam. In 1963 werd Jorge Semprún voor *De grote reis* bekroond met de Europese uitgeversprijs Formentor. Omdat de auteur een bekende communist was, die bovendien regelmatig clandestien in Spanje had gewerkt, lanceerde het Ministerie van Informatie (en Toerisme!) een campagne om de verspreiding van het boek tegen te houden. Uitgever Carlos Barral ontsnapte echter aan de pogingen tot censuur door *De grote reis* in Mexico te laten drukken, in coëditie met een plaatselijke uitgeverij. Ook van Juan Goytisolo is om diezelfde reden veel in Mexico uitgegeven. Zo bestonden er wel meer methoden om de censuur te omzeilen.

In zijn recente studie *Adiós a la España eterna* heeft de Duitse romanist Hans-Jörg Neuschäfer de gemeenplaats bestreden dat de Spaanse cultuur tot 1975 heeft moeten wachten om in creativiteit uit te barsten. Volgens Neuschäfer was de franquistische censuur namelijk niet alleen een obstakel voor de creatieve geest, maar in zekere zin zelfs een uitdaging. Niet dat de censuur zelf literatuur voortgebracht heeft, maar ze scherpte wel de vindingrijkheid of *ingenio* van schrijvers die *ondanks* de censuur probeerden te publiceren. Onder het franquisme heette dit *posibilismo* (in het woordenboek vertaald als 'pragmatisme'): het aftasten van de mogelijkheden, het balanceren op de rand van wat zegbaar was, het ontwikkelen van technieken en listen om de commissarissen van de censuur om de tuin te leiden. Een van die technieken was het schrijven in telkens een andere stijl. Af en toe schreef men met opzet ontoelaatbare zinnen in de hoop dat de censoren andere, belangrijker fragmenten over het hoofd zou zien. Cela gebruikte in *De familie van Pascual Duarte* de topos van het 'teruggevonden manuscript': de auteur kan niet verantwoordelijk gesteld worden voor de inhoud, want hij heeft alleen maar een tekst gekopieerd die hij ergens toevallig aangetroffen heeft. Een andere possibilistische methode was het gebruik van geheime codes, symbolen of sleutelwoorden die alleen voor ingewijden duidelijk waren, of het creëren van een fantasmagorisch kunstwerk dat alleen allegorisch naar het franquisme verwees, zoals Miguel Espinosa deed in *Escuela de mandarines* (Mandarijnenschool, 1974), hoewel dat toen al niet meer nodig was. Volgens Neuschäfer plaatsen de possibilisten zich in een lange Spaanse traditie die minstens teruggaat tot 1492, toen moren en joden verdreven werden en de Inquisitie zich opwierp als verdedigster van de unitaire katholieke waarden. Meesterwerken als *La Celestina* (van Fernando de Rojas, een *converso* of bekeerde jood) en de *Don Quichot* zouden volgens Neuschäfer geschreven zijn door possibilisten avant la lettre. Cervantes hield er altijd rekening mee dat de Inquisitie over zijn schouders meelas. Dat is aan zijn boek te merken, een wonder van list en techniek.

Anderzijds heeft men in antifranquistische hoek wel eens de neiging om de rol van de censuur te overdrijven. Zeker in de jaren zestig en zeventig viel het nogal mee, nadat in 1966 een versoepelde *Ley de Prensa* (Perswet) afgekondigd was. Men mag ook niet vergeten dat in die tijd alle grote Latijns-Amerikaanse schrijvers in Spanje uitgegeven werden. Tot dan toe waren Mexico en Buenos Aires de belangrijkste uitgeverscentra van de Spaanstalige wereld geweest, maar in de jaren zestig nam Barcelona, dankzij de politiek van betrekkelijke *apertura* (openheid), de belangrijke positie weer in die ze aan het begin van de eeuw al verworven had. Twee namen in dit verband zijn uitgever-dichter Carlos Barral en literaire agente Carmen Balcells. Mario Vargas Llosa schrijft dat Barcelona in het begin van de jaren zeventig een intellectueel bruisende stad was met tientallen artistieke groepen en tijdschriften. Er werd geëxperimenteerd op ieder mogelijk gebied: architectuur, schilderkunst, muziek, theater en marxistische filosofie. Het was voor een groot deel een underground-cultuur, maar in elk geval toont het fenomeen aan dat men niet zomaar op de dood van Franco heeft zitten wachten.

De romancier Javier Marías, weliswaar behorend tot een generatie die de Burgeroorlog niet meer meegemaakt heeft, draait zelfs de rollen om: de literaire orthodoxie was volgens hem niet franquistisch, maar uitgesproken antifranquistisch. Het antifranquisme heeft zijn eigen mandarijnen voortgebracht, zijn eigen vorm van politieke correctheid. Dit fenomeen heeft zich trouwens ook in Latijns-Amerika voorgedaan: onder de militaire dictaturen werd vaak alleen literatuur van linkse of dissidente auteurs de moeite waard gevonden, zowel door de censuur als door het publiek.

In de tweede helft van de jaren vijftig was er zelfs sprake van een kortstondige bloei van de sociaal-realistische roman, een toch wel bijzonder verschijnsel onder een rechtse dictatuur. Meestal associeert men het socialistisch-realisme immers met de officiële literatuurpolitiek van linkse totalitaire systemen. Sovjetrussische schrijvers moesten zich bijvoorbeeld houden aan een transparante, zogenaamd objectieve beschrijving van de werkelijkheid in dienst van de heilstaat. In Spanje werd de sociaal-realistische roman daarentegen gebruikt als wapen tegen het zittende regime. Naturalistische beschrijvingen van een rauwe sociale werkelijkheid gingen gepaard met een duidelijk politiek engagement van de schrijver. Een goed voorbeeld hiervan is *La mina* (De mijn) van Armando López Salinas, uit 1960. Overigens is het boek vandaag ongenietbaar, vanwege het overdreven miserabilisme en de stereotiepe zwart-wit-voorstellingen. In 1954 verscheen de sociale roman *Juegos de manos* (Goochelspel) van Juan Goytisolo. Later zou Goytisolo nieuwe literaire horizonten opzoeken, maar nog een hele tijd lang, zelfs toen hij al in Parijs woonde, bleef hij een trouwe reisgezel van de Communistische Partij.

Het realisme kan overigens een vorm van possibilisme zijn: waar er censuur is, kan men niet onomwonden zijn mening geven en moet men zich beperken tot het beschrijven van de werkelijkheid zoals die is zonder er commentaar bij te leveren. Een goede verstaander heeft daaraan genoeg; de politieke consequenties trekt hij zelf wel. Dat dergelijke romans geschreven en gepubliceerd werden, bewijst de afwezigheid van een franquistische literaire hegemonie. Na 1966 vermindert de greep van het regime nog: zelfs de communistische auteur Vázquez Montalbán kan in Spanje zijn maatschappijkritische analyses en romans publiceren zonder al te vaak naar possibilistische technieken te grijpen. In 1956 had Cela het tijdschrift *Papeles de Son Armadans* gesticht dat werk van jonge auteurs in ballingschap publiceerde: het regime verleende stilzwijgend zijn toestemming.

Dit alles lijkt de stelling van historicus Javier Tusell te bevestigen dat het franquisme wel een autoritair, maar geen totalitair regime was. Vooral op cultureel gebied bestond er geen politiek van inmenging. Men liet maar betijen. Bij gebrek aan een officieel literatuurbeleid was er ook geen officiële literatuurproductie. Er waren weliswaar een paar bescheiden pogingen om een Teatro Imperial y Falangista te creëren, maar uiteindelijk gingen ook die niet door, want het bleek voor het regime toch interessanter om zich met het medium film bezig te houden, dat immers een veel groter publiek bereikte. Zo werden onder meer verboden: *La grande bouffe*, *A Clockwork Orange*, het eerder genoemde *Last Tango in Paris* en *Viridiana* van Luis Buñuel.

Toch mag de repressie onder Franco niet onderschat worden. Het belangrijkste culturele tijdschrift van die jaren, *Ruedo Ibérico* (naar een titel van Ramón del Valle-Inclán), werd noodgedwongen uitgegeven in Parijs. Oppositiekranten waren er niet, waardoor iedereen die iets over de Spaanse werkelijkheid wilde te weten komen, op het Franse *Le Monde* moest terugvallen. Weliswaar werden er weinig boeken zonder meer verboden, maar alles samen werden er ook weinig gedrukt en was de distributie erbarmelijk. Het budget voor cultuur stelde niets voor. Het ergste was echter nog de mediocriteit van de hele situatie. Het leven was oninteressant en met het leven de literatuur. De censuur leidde tot schizofrenie bij de intellectuelen: zij waren links en liberaal onder een rechts en conservatief regime, hopeloos modern in een traditioneel gebleven land.

Misschien is het hierboven geschetste beeld te zwart en is het beter ons samen met John Hooper te verwonderen over alles wat er wel gepresteerd is op cultureel gebied in die tijd: '*In retrospect what is surprising about Franco's Spain is not that there was so little good music, art and literature but that there was so much*'.

3. Camilo José Cela (°1916)

In handboeken wordt de naoorlogse Spaanse literatuur steevast opgedeeld in twee toonaangevende stromingen. Het eind van de jaren vijftig kende de opkomst van allerlei vormen van realisme. Een van de meestgebruikte etiketten is *neorrealismo*, naar Italiaans voorbeeld. In de films van Visconti (*La Terra trema*), De Sica en Rossellini worden de grote sociale problemen van die tijd aangekaart met gebruikmaking van de technieken van de reportage en de documentaire. Men wijst ook de Hollywood-clichés af ten voordele van authentieke getuigenissen, vaak gebracht door niet-professionele acteurs. In de Italiaanse literatuur is het etiket 'neorealisme' minder eenduidig: zo verschillende auteurs als Elio Vittorini (*Mens en niet*), Alberto Moravia en Cesare Pavese worden eronder gecatalogeerd. Gemeenschappelijk is de afwijzing van de fascistische retoriek en de grote betrokkenheid op maatschappelijke problemen. Als protest tegen een rechts totalitarisme vertoont het Italiaanse neorealisme een aantal gelijkenissen met de Spaanse realistische romans van de jaren vijftig.

Dolores de Asís gebruikt de term *neorrealismo*; andere critici hebben het over 'kritisch realisme', de 'sociale roman' en zelfs het 'sociaal-realisme', hoewel die laatste term al te sterk aan de sovjetliteratuur doet denken. Hierboven werd ook al verwezen naar *La mina* en *Juegos de manos*. Een ander bekend voorbeeld is *El Jarama* (1956) van Rafael Sánchez Ferlosio (de Jarama is de naam van een rivier die Spanje ter hoogte van Guadalajara van oost naar west doorkruist en in de Taag uitmondt), maar het onbetwiste hoogtepunt van de realistische vertelkunst is *Tijd van zwijgen* (*Tiempo de silencio*) van Luis Martín-Santos, uit 1962. Martín Santos (1921-1988) liet overtuigend zien dat het realisme een vruchtbare artistieke methode kan zijn op voorwaarde dat de auteur zich niet laat verleiden tot plat naturalisme of pure reportagestijl. De kunst mag ook niet opgeofferd worden aan de ideologie of tendens. Het realistische werk is bovendien des te overtuigender naarmate de werkelijkheid vanuit verschillende perspectieven beschreven wordt. Martín Santos maakt ook meer dan zijn

voorgangers gebruik van experimentele procédés zoals de frag-
mentarische verteltrant, het polyperspectivisme en de doorgedreven innerlijke monoloog. Vaak wordt hierbij gewezen op de
invloed van James Joyce. In vergelijking met *De stad en de honden*
van de Peruaanse auteur Mario Vargas Llosa, dat in hetzelfde jaar
verscheen als *Tijd van zwijgen*, zijn de technische innovaties van
Martín-Santos nog betrekkelijk braaf. Men moet de roman echter
vergelijken met zijn neorealistische voorgangers.

Aan het eind van de jaren zestig heeft het realisme zijn beste
tijd gehad. Opvolger is de experimentele school of *novela estruc-
tural*, die zich liet inspireren door de Franse *nouveau roman* en
het structuralisme annex maoïsme van het tijdschrift *Tel Quel*.
De experimentelen wantrouwen de traditionele grammatica en
attaqueren de taalvormen zelf: syntaxis, interpunctie, woordenschat. Het klassieke verhaal is vervangen door de experimentele
tekst, ook wel 'schriftuur' genoemd. De lezer wordt niet langer
meegenomen op een avontuurlijke reis, maar moet medeplichtig
worden aan de tekst: zelf experimenteren om betekenis tot stand
te brengen.

Vaak levert dit experimentalisme hermetisch en onleesbaar
proza op; in het beste geval een roman als *Volverás a Región* (Je zult
in Región terugkeren, 1967) van Juan Benet, de experimentele
tegenpool van Martín Santos' *Tijd van zwijgen*. Toch zou men
beide romans evengoed in elkaars verlengde kunnen leggen: *Tijd
van zwijgen* mag dan een uitgesproken realistische roman zijn, de
geavanceerde formele technieken van Martín Santos zijn zeker een
inspiratiebron geweest voor Juan Benet die zich voor de rest, net
als de Latijns-Amerikaanse *boom*-schrijvers, vooral op het werk van
William Faulkner baseerde. Aan het eind van de jaren zeventig was
het experiment zo goed als afgelopen. Juan Benet en Miguel
Espinosa stierven op jonge leeftijd; anderen stapten over op meer
traditionele verhaalvormen, zij het met een verhoogd bewustzijn
van het belang van het medium taal. Alleen de uit Galicië afkomstige Julián Ríos blijft tot op de dag van vandaag vasthouden aan
het idee van het experimentele opus-schrijven; complexe teksten
zoals *Larva* en *Poundemonium* vormen echter een groot obstakel

voor vertalers, waardoor hij in het buitenland maar een beperkte bekendheid geniet.

Literaire modes komen en gaan, maar bepaalde schrijvers lijken de jaren te trotseren. Misschien wordt de literatuurgeschiedenis niet zozeer bepaald door scholen en strekkingen als wel door afzonderlijke en uitzonderlijke figuren. Zo hebben Camilo José Cela en Juan Goytisolo decennialang het literaire landschap in Spanje beheerst. Hoewel ook hun oeuvre onderhevig is aan trends en voorbijgaande voorkeuren, bezit het de goede neiging om die trends in zich op te nemen en ten nutte te maken. Aan het controversiële tweetal Cela en Goytisolo zou men ook Miguel Delibes (°1920) kunnen toevoegen, maar ondanks de indrukwekkende hoeveelheid titels, is zijn oeuvre toch minder divers (voornamelijk zedenromans of *novelas costumbristas* en intieme memoires) en de uitstraling naar het buitenland een stuk minder. Van Delibes zijn vertaald: *De weg* (1949), *Het rode vloeitje* (1959) en *De heilige dwazen* (1981). Een vierde naam is Gonzalo Torrente Ballester (°1910), wiens oeuvre door de kritiek meestal gereduceerd wordt tot het nog onvertaalde meesterwerk *La saga/fuga de J.B.* (1972) en het experimentele *Fragmentos de apocalipsis* (1977).

Over de positie van Camilo José Cela kan daarentegen geen twijfel bestaan, al was het maar vanwege de Nobelprijs in 1989, de vijfde voor Spanje en na Juan Ramón Jiménez en Vicente Aleixandre de derde voor een naoorlogse schrijver. In 1995 heeft hij ook de staatsprijs Cervantes ontvangen, de hoogste onderscheiding voor een Spaanstalige schrijver, die eerder naar de Latijns-Amerikanen Gabriel García Márquez, Mario Vargas Llosa en Octavio Paz was gegaan. Aan de toekenning van de Cervantesprijs ging een polemiek vooraf van meer dan dertig jaar.

In een krantenadvertentie, geplaatst door de boekenclub Círculo de Lectores naar aanleiding van Cela's tachtigste verjaardag, wordt hij zonder omwegen 'Soeverein van de Letteren, Grootmeester van de Taal en Heer van het Woordenboek' genoemd. Tussen *De familie van Pascual Duarte* uit 1942 en zijn laatste roman *El asesinato del perdedor* (De moord op de verliezer,

1994), zit dan ook meer dan een halve eeuw fysieke aanwezigheid in het literaire landschap met tientallen titels en meer dan vijftienhonderd edities. Ook op journalistiek gebied is Cela altijd actief gebleven. Nog vrijwel dagelijks schrijft hij zijn column voor de conservatieve krant *ABC*. De oude meester is bovendien verwikkeld geweest in honderd-en-een polemieken met zowat iedereen in de Spaanse literatuur. Zijn provocerende levenswandel als rokkenjager en *bon vivant* heeft hem van een permanente mediabelangstelling verzekerd. Befaamd zijn Cela's seksistische uitspraken en vuilbekkerij: hij was de eerste Spanjaard die op de televisie het vijfletterwoord *joder* gebruikte, het equivalent van het Engelse *fuck*. Overigens kent iedere Spanjaard Cela's gezicht van de tv. Zijn persoon is welhaast nog bekender dan zijn oeuvre.

Cela is afkomstig van de provincie La Coruña in Galicië, de oud-Keltische streek ten noorden van Portugal waar ook Franco geboren is. Een beroemde schrijfster uit Galicië is de naturalistische romancière en feministe Emilia Pardo Bazán die leefde van 1851 tot 1921 en van wie *Het landgoed Ulloa* (1886) vertaald is. Na de oorlog heeft Cela zich metterwoon in Madrid gevestigd en tegenwoordig leeft hij op het platteland in de buurt van Guadalajara. De keuze voor Castilië als woonplaats is niet toevallig: Cela beschouwt zichzelf – en wordt door zijn publiek beschouwd – als een zeer Spaanse auteur, zowel naar karakter (koppig, anarchistisch, mannelijk, vitalistisch) als naar ideologische overtuiging. Bij Cela neigt het Spanje-boven-gevoel zelfs naar isolationisme: de rotsvaste mening dat Spanje niets met de wereld te maken heeft en de wereld niets met Spanje. Berucht is het motto aan het begin van zijn roman *De nacht van San Camilo* (*San Camilo 1936*, 1969): 'Aan de jongens van de lichting 1937, die allemaal iets verloren: hun leven, hun vrijheid, hun illusie, hun hoop, hun fatsoen. En niet aan de buitenlandse avonturiers bij de fascisten en marxisten, die naar hartelust Spanjaarden afschoten als konijnen, en aan wie niemand gevraagd had of ze zich met ons probleem wilden bemoeien'. Een milde vorm van xenofobie is de eentalige Cela niet vreemd, hoewel 'mild' niet direct een adjectief

is dat men met het karakter van de man associeert. Cela's afkeer
van alles wat niet het op schiereiland thuishoort, betreft overigens
ook de Latijns-Amerikanen. In die zin is hij een typische schrijver
van het Imperium gebleven. Cela mag dan overtuigd eentalig zijn, binnen die ene taal doet
hij stilistische wonderen. Zijn Galicische afkomst heeft daar veel
mee te maken. Net als de eerder genoemde Emilia Pardo Bazán
verwerkte Cela de volkstaal uit die streek in zijn romans. Vaak gaat
het om herkenbare *galleguismos*, maar daarnaast is er nog zoiets als
een moeilijk te definiëren Galicisch taalgevoel. De romancière
Carmen Martín Gaite, eveneens afkomstig uit een Galicische
familie, maar al van jongsaf woonachtig in Salamanca, schrijft
hierover: 'Als Castiliaanse beschik ik over een groot gevoel voor
proportie wanneer ik me wil uitdrukken, want in Salamanca
wordt een zeer zuiver Castiliaans gesproken en de taal is de toets-
steen van een mentaliteit. Uit Galicië komt daarentegen mijn
gevoel voor ambiguïteit, die weifelende manier van spreken, altijd
op zoek naar antwoorden, met de voet aftastend of de bodem wel
stevig is, en vooral: de fantasie, dat wat men niet ziet, maar er wel
is'. In een aantal opzichten is Martín Gaite de anti-Cela. Zo dis-
creet en ingetogen haar proza is, zo gewelddadig en protserig is dat
van Cela. Zíj is na Pardo Bazán de grootste feministische schrijfster van Spanje; híj het prototype van de uitdagende macho, strekking 'machist-leninist', zoals hij ooit een journaliste toevoegde.
Wat beiden ongewild met elkaar verbindt, is dat Galicische gevoel
voor taaldiversiteit.

Overigens is Cela als lid van de Real Academia Española ook
medeverantwoordelijk voor het Woordenboek. Eerder al had
hij indrukwekkende lexicografische arbeid verricht met zijn
Diccionario secreto, een thesaurus van obscene termen. Tegenwoordig werkt hij als academicus mee aan een linguïstische atlas
van Spanje waarin alle regionale varianten opgetekend worden.

Een deel van Cela's oeuvre bestaat uit 'espagnolismen': reisver-
halen, reflecties over de Spaanse cultuur en geschiedenis, een ver-
volg op de schelmenroman *Lazarillo de Tormes* (*Nuevas andanzas y
desventuras de Lazarillo de Tormes*, 1944). In het Nederlands is een

aantal stukken gebundeld in *Joden, moren en christenen*. Als we ons beperken tot de vertaalde romans kunnen we grosso modo twee groepen onderscheiden: de plattelandsromans *De familie van Pascual Duarte* (1942), *Mazurka voor twee doden* (1983) en *De windmolen*, en de stadsromans *De bijenkorf* (1951) en *De nacht van San Camilo* (1969). *Mrs. Caldwell spreekt met haar zoon* (1953) valt een beetje buiten deze indeling. Overigens zijn de vertaalde romans ook in Spanje verreweg de bekendste, eventueel met toevoeging van *Cristo versus Arizona* (1988).

De familie van Pascual Duarte beschrijft op costumbristische wijze, dit wil zeggen: in de vorm van een zedenschets, het leven op het platteland van Extremadura, samen met Galicië de meest troosteloze streek van Spanje; *extremadura* betekent letterlijk 'uitkant', 'buitenrand'. In een ik-vertelling laat Cela de terdoodveroordeelde misdadiger Pascual Duarte aan het woord. Deze probeert zijn gewelddaden te verantwoorden door te wijzen op de primitieve omstandigheden waarin hij moet leven. De censuur beschuldigde Cela van fatalisme en immoralisme, maar het boek sloeg aan bij een breed publiek en kende tientallen herdrukken. Een term die vaak gebruikt wordt in verband met *De familie van Pascual Duarte*, is *tremendismo*: de verhevigde weergave van een schokkende werkelijkheid, met extra aandacht voor geweld, wreedheid en menselijk verval.

Veertig jaar later heeft Cela opnieuw een roman op het platteland gesitueerd, ditmaal in zijn geboortestreek Galicië: *Mazurka voor twee doden*. De filosofische strekking van het werk is niet wezenlijk verschillend – de grondtoon blijft overwegend pessimistisch -, maar stilistisch heeft de auteur een hele weg afgelegd. De taal is hier minder klassiek en bevat veel *galleguismos* en termen uit de dagelijkse conversatie, zozeer zelfs dat Cela's vriend Francisco Umbral het boek *Mazurka voor twee talen* heeft genoemd: het Castiliaans en het Galicisch. De realistische, zelfs naturalistische beschrijving heeft plaatsgemaakt voor een bezwerende, litanie-achtige, repetitieve stijl. Cela's latere proza is daarom ook wel eens poëzie in het groot genoemd (*organizaciones poemáticas*). Daarmee wordt bedoeld dat Cela niet een narratieve logica volgt (een verhaal met een begin, een duidelijke ontwikkeling en een mooi einde), maar zich laat voortdrijven op de muziek van de taal.

Net als de stadsromans bestaat *Mazurka voor twee doden* overigens niet uit één verhaal, maar uit honderden anekdoten die elkaar in een denderende toboganstijl opvolgen (de term is afkomstig van Cela's roman *Tobogán de hambrientos* (Glijbaan van hongerigen, 1962)). Ook de personages zijn nauwelijks te tellen; meestal gaat het trouwens om karikaturen van mensen, neergezet aan de hand van een paar groteske trekken (de 'mankepoot', de 'man met het grote lid', de 'vrouw die het met een bok deed') of van hun bijzondere manier van spreken. Maar eigenlijk is het belangrijkste personage van de roman het troosteloze landschap van Galicië, waar altijd een ondoordringbare motregen valt. Niets verandert er met de tijd: men wordt geboren, leeft en sterft en de kinderen maken weer precies dezelfde fouten als hun ouders. In die zin valt het ontbreken van een duidelijke plot te verklaren. Er is geen vooruitgang, alleen cycliciteit.

Dezelfde fatalistische levensvisie spreekt ook uit de stadsromans. *De bijenkorf* bevat een reeks tableaus van het naoorlogse Madrid, waarin alles samen meer dan driehonderd personages optreden. Cela heeft het leven willen beschrijven zoals het is: 'zonder terughoudendheid, zonder vreemde tragedies, zonder barmhartigheid, zoals het leven verloopt, precies zoals het leven verloopt'. Deze roman is trouwens schitterend verfilmd door Mario Camus, tevens regisseur van *Los santos inocentes*, naar het werk *De heilige dwazen* van Miguel Delibes uit 1981. *De nacht van San Camilo* (bedoeld wordt de 18de juli 1936, het begin van de Spaanse Burgeroorlog) is zo mogelijk nog fragmentarischer opgebouwd: de basiseenheid van de vertelling is hier niet langer de scène of het tableau, maar de korte alinea. Om de vijf, zes zinnen verspringt het perspectief. Cela maakt ook gebruik van de collagetechniek: krantenkoppen, liedjes, reclameslogans en andere gevonden teksten zijn kunstig in de roman verweven.

Plattelands- of stadsroman: ondanks het verschil in locatie lijken de wereldbeelden sterk op elkaar. Cela wil de mens laten zien als hij ontdaan is van zijn culturele versierselen. Wat dan overblijft, is een achterlijk dier: zinnelijk, bezitterig, wild om zich heen slaand als hij in het nauw gedreven wordt. Geilheid (*cachondeo*) is de belangrijkste motor van het menselijke handelen. Een dier dat gezond is, neukt; een ziek dier neukt niet. Een andere provocerende uitspraak van Cela is dat een gezond mens geen ideeën heeft, alleen een lijf. Dit vitalistische wereldbeeld wordt bij Cela gecombineerd met een karikaturale, groteske schrijfstijl, die teruggaat op klassieke voorbeelden zoals op Francisco de Quevedo's boertige schelmenroman *De zwendelaar* (*El Buscón*, 1626; een betere vertaling is *De gelukszoeker*). Over de traditie van het *esperpento* kom ik verderop nog te spreken. Om Cela met vrucht te lezen, moet men vertrouwd zijn met de Spaanse cultuur- en literatuurgeschiedenis; omgekeerd kan men Cela beschouwen als een goede introductie tot die cultuur. De grondslag van zijn oeuvre is de Castiliaanse taal, volgens de chauvinistische Cela een godsgeschenk.

4. Juan Goytisolo (°1931)

Is Cela in zijn onverholen chauvinisme de meest Spaanse van alle Spaanse schrijvers (wat dat dan ook moge betekenen), dan staat de vijftien jaar jongere Juan Goytisolo bij velen geboekstaafd als de anti-Spanjaard bij uitstek. Die reputatie dateert uit 1956, toen Goytisolo naar Frankrijk emigreerde en verklaarde niets meer met zijn geboorteland te maken te hebben. Hij beschouwde het Spanje van Franco als een achterlijk, hypocriet land waar een intellectueel nooit kon aarden. Later heeft Goytisolo zich nog meermaals laten ontvallen dat Madrid voor hem slechts een tussenstation is tussen Parijs en Marrakesj.

Toch is er waarschijnlijk geen auteur die de Spaanse literatuur beter kent en in zijn oeuvre verwerkt dan precies Goytisolo. Die kennis heeft hij echter in het buitenland verworven. Toen hij in Parijs de klassieken begon te lezen, ontdekte hij ineens dat het achterlijke Spanje wel degelijk grote literatuur had voortgebracht. In het Spanje van Franco zou hij zich nooit herkennen, in het Spanje van Cervantes, Fernando de Rojas (*La Celestina*, uit 1499, bewerkt door Hugo Claus tot *De Spaanse hoer*) en de Aartspriester van Hita, Juan Ruiz (*Libro de buen amor*) des te meer. Sindsdien bestaat de voornaamste taak van de schrijver er voor Goytisolo uit voort te bouwen op de literatuur van zijn land en aldus die literatuur en taal te verrijken. Literatuur heeft dus zowel een creatieve als een kritische dimensie ten opzichte van het verleden.

In zijn beginjaren schrijft Goytisolo neorealistische romans met een sterke sociale inslag, zoals *Juegos de manos* (Goochelspel, 1954), *Duelo en el paraíso* (Duel in het paradijs, 1955) en *De trek* (1958). In 1959 publiceert hij zijn beroemde essay 'Problemas de la novela' waarin hij de verdediging van het realisme op zich neemt. Hij verwijst daarbij naar tal van Spaanse en buitenlandse voorbeelden, waaronder William Faulkner, John Steinbeck, Nathalie Sarraute en (toen al) Luis Martín-Santos. De voorbeelden geven al aan dat Goytisolo zich beperkt tot het directe, fotografische realisme, maar ook oog heeft voor formele aspecten.

Inmiddels is Goytisolo naar Parijs verhuisd, waar hij snel ingeburgerd raakt in de intellectuele kringen van de Rive Gauche. In 1965 ontdekt hij tijdens een reis naar Marokko de Arabische wereld: het wordt een openbaring. Eerder al heeft hij vriendschap gesloten met Jean Genet, met wie hij zijn seksuele en literaire voorkeuren deelt, en is hij door zijn achterbuurtverslaving in contact gekomen met de Noordafrikaanse immigranten in de randsteden van Parijs. De ontdekking van de Arabische wereld houdt paradoxaal genoeg een herwaardering in van de Spaanse cultuur. Goytisolo heeft het dan wel over de cultuur van vóór 1492, van vóór de verdrijving van moren en joden. Spanje, of beter: Al-Andalus, was een multicultureel land, een smeltkroes van islamitische, joodse en christelijke bevolkingsgroepen. De Duitse historicus Michael Wolffsohn vergelijkt Al-Andalus met een joods eldorado en de gedwongen exodus van 1492 met een trauma dat alleen door de nazi-holocaust overtroffen wordt. Als de kolonisatie van Amerika op gang komt, is de katholieke hegemonie echter al stevig gevestigd. Door de eenzijdigheid van deze kolonisatie is een historische kans gemist om van wat later 'Latijns-Amerika' zal heten, een echt multicultureel continent te maken.

Wat in de werkelijkheid niet meer kan, is echter wel nog mogelijk in de utopische sfeer van de literatuur. Goytisolo gaat zich
steeds meer profileren als een *mudéjar*-auteur. In de veertiende en
vijftiende eeuw waren *mudéjares* inwoners van het schiereiland
('Spanjaarden' kan men hen nog niet noemen) met een gemengde
cultuur: Arabisch en christelijk tegelijkertijd. Zo ziet ook Goytisolo
zichzelf: als iemand die pendelt tussen twee culturen, nergens
thuis, nergens totaal vreemd. Om een *mudéjar*-auteur te worden,
moest Goytisolo eerst het traditionele, haast sacrale beeld van het
uniforme Spanje vernietigen dat door de franquistische propaganda verspreid werd. Hij deed dat in een romantrilogie bestaande uit
De identiteit (Señas de identidad, 1966)*, De wraak van don Julián*
(1970) en *Juan sin tierra (Jan zonder land,* 1975). De Nederlandse
titel *De wraak van don Julián* is slecht gekozen. In het Spaans staat
er *reivindicación,* wat zoveel betekent als 'eerherstel'. Goytisolo
probeert inderdaad met zijn roman het historische personage don
Julián te rehabiliteren. Graaf Julián is de man die er in 711 voor
zorgde dat de moren Spanje binnen konden komen, uit wraak op
de Visigothische koning don Rodrigo. In de nationalistische
geschiedschrijving onder Franco werd Julián altijd gebrandmerkt
als een landverrader, zowat de tegenpool van de latere Cid, de
morendoder die definitief de *Reconquista* inluidde. Goytisolo's
keuze voor don Julián is dus behalve een literaire ook een politieke stellingname.

Het mudejarisme geeft Goytisolo niet alleen een onderwerp,
maar ook een literaire vorm. Zo zit Goytisolo's taal vol barbarismen:
gallicismen door zijn lange verblijf in Frankrijk, arabismen,
Bargoens, enzovoorts. Binnen de Spaanstalige wereld kan er op het
punt van de veeltaligheid binnen één tekst een zeer grote verwantschap aangewezen worden tussen Goytisolo en de Mexicaan Carlos
Fuentes. Ook de achterliggende poëtica is vergelijkbaar: de geschiedenis van Spanje (respectievelijk Mexico) wordt gedeconstrueerd,
ontmanteld, geannuleerd en opnieuw gecreëerd in de vorm van een
literaire tekst. De roman is een verbale hallucinatie, waarin stemmen
uit het verleden resoneren. Het indrukwekkendste voorbeeld hiervan is Fuentes' historische totaalroman *Terra Nostra* uit 1975.

In zijn latere werk zal Goytisolo nog meer de Arabische toer opgaan. Hij gaat zich ook interesseren voor het soefisme. Zijn verschillende romans zijn etappes van een culturele, erotische en zelfs mystieke inwijdingsrite. *De wraak van don Julián* was nog min of meer een geromanceerde versie van de theorieën van de Spaanse historicus Américo Castro, voor wie het échte Spanje alleen tussen 711 en 1492 bestond, dit wil zeggen: het Spanje van de drie Religies. De republikein Castro protesteerde hiermee tegen de nationalistische verheerlijkers van het Visigothische Rijk en van de hegemonie van de Katholieke Koningen na 1492. In *Makbara* (1980) verruilt Goytisolo deze nog steeds Spaanse visie voor een Arabische. Op het eind staat er – in het Arabisch, onverstaanbaar voor de Europese lezer: 'ik sta definitief aan de andere kant'.

Nog later zal Goytisolo dit radicale standpunt nuanceren. De breuk met Europa kan niet totaal zijn, evenmin als de identificatie met de Arabische cultuur onvoorwaardelijk is. Met name de opkomst van het onverdraagzame islamitische fundamentalisme vormt volgens de auteur een even groot gevaar als de westerse consumptiemaatschappij. De literatuur wordt meer dan ooit een wijkplaats voor utopieën.

II. Het literaire klimaat

1. Opleving of normalisering?

In 1975 was de algemene hoop dat kunstenaars die jarenlang onder de censuur geleden hadden, zich nu ten volle zouden manifesteren. Opgespaarde meesterwerken zouden uit de schrijfladen te voorschijn komen en daarnaast zou er een explosie van creativiteit plaatsvinden. De literatuur zou een *boom* beleven, net zoals dat een decennium eerder in Latijns-Amerika gebeurd was. Als men twintig jaar na datum een stand van zaken opmaakt, zou men kunnen besluiten dat de langverwachte *boom* er ook echt gekomen is. Althans, dat lijkt zo als men alleen naar de cijfers kijkt. Er zijn in Spanje tientallen grote en honderden kleine uitgeverijen (in 1992: 2167) die samen een ontzettend hoog aantal werken uitbrengen, meer dan onder het franquisme ooit het geval was. Bij het begin van elk boekenjaar verschijnen meer dan vijftigduizend nieuwe titels, waarvan tachtig procent eerste edities, en het totale aanbod overschrijdt de tweehonderdduizend. Het grootste deel van deze titels behoort tot de categorie non-fictie, maar al bij al is ook de literatuur goed vertegenwoordigd. De verkoopcijfers blijven over het algemeen echter betrekkelijk laag: van de meeste romans, poëziebundels of essays worden er maar een paar honderd exemplaren gesleten. De gemiddelde oplage van een Spaans boek bedraagt vijfduizend, maar daar zitten dan ook de schoolboeken, toeristische gidsen en kookboeken tussen. Daartegenover staat dan weer het fenomeen van het 'bestsellerisme': in enkele gevallen lopen de oplagecijfers op tot boven de honderdduizend of zelfs honderdvijftigduizend. De kloof tussen gewone boeken en bestsellers wordt steeds groter.

Deze cijfers doen vermoeden dat er een grote markt bestaat voor de nieuwe Spaanse roman. Anderzijds weet niemand precies of de cijfers op de rode omslagbandjes niet geflatteerd zijn en het aantal drukken niet kunstmatig opgevoerd wordt. De toptiens in de kranten blijken alvast niet te kloppen: soms verschijnt er al een boek in de lijst van de *más vendidos* nog voor er betrouwbare cijfers binnen zijn (minstens zes weken na de verschijningsdatum). Bovendien moet men de cijfers zien in verhouding tot het enorme taalgebied dat het Spaanse toch is. Het probleem met Latijns-Amerika is dat boeken uit Spanje er veel te duur zijn. De Spanjaarden zelf zijn traditioneel geen grote lezers, ook geen krantenlezers trouwens, en dat is sinds 1975 nauwelijks veranderd. Verschillende auteurs wijzen erop dat er in Spanje nog altijd geen leescultuur bestaat: er is een tekort aan goede boekhandels en bibliotheken. Volgens een bericht uit *El País* in 1993 leest veertig procent van de bevolking ouder dan achttien jaar nooit of bijna nooit een boek. Alleen Portugal is er in Europa slechter aan toe. Nog altijd geldt de uitspraak van Manuel Azaña (1880-1940), de laatste president van de Tweede Republiek en zelf geen ongetalenteerd schrijver: 'De beste manier om in Spanje een geheim te bewaren is het in een boek te publiceren'.

Is de *boom* van de Spaanse literatuur behalve een – zeer relatief – statistisch gegeven ook een kwalitatief verschijnsel? De literaire kritiek in eigen land is verdeeld: leesbevorderaars en cultuurpromotoren tonen zich optimistisch, anderen zitten nog altijd te wachten op de grote Spaanse roman van de eeuwwende.

Ook de receptie in het buitenland is moeilijk in kaart te brengen: er wordt relatief veel vertaald, veel van jonge en nieuwe auteurs ook, er zijn welwillende besprekingen, zelfs sporadische uitingen van enthousiasme, maar of Spanje weer echt grote literatuur voortbrengt, is nog altijd de vraag.

De Nobelprijzen voor de dichter Vicente Aleixandre in 1977 en voor de romancier Cela in 1989 worden algemeen beschouwd als een bekroning van de hele Spaanse literatuur die het franquisme overleefd heeft, al moet men dit soort gebeurtenissen natuurlijk niet over-interpreteren. En inmiddels is de net opgerichte Europese Literatuurprijs al tweemaal aan een Spanjaard toegekend. Belangrijk voor de promotie was de Frankfurter Buchmesse die in 1991 een Schwerpunkt Spanien organiseerde onder de slogan

'La hora de España'. In navolging van nationale tijdschriften wijdden buitenlandse bladen themanummers aan Spaanse literatuur: *Bzzlletin, Magazine littéraire, Le Monde des livres*.

Achteraf gezien waren de verwachtingen van 1975 lichtelijk overspannen. De auteurs die uit ballingschap terugkeerden, zoals Fernando Arrabal, bleken niet meer aan te slaan bij het sterk veranderde Spaanse publiek. Bovendien waren de meesterwerken in de schrijfladen toch niet zó fenomenaal als verwacht en werden ze nauwelijks door de kritiek opgepikt. En als het over de actualiteit van de *Transición* en de *pos-Transición* ging, werd de literatuur door de journalistiek ingehaald. Er verschenen en verschijnen nog jaarlijks tientallen kronieken, memoires, fotoboeken of andere vormen van instant-historiografie.

Eerder dan om een inhaalbeweging lijkt het dan ook te gaan om een 'normalisering' van de toestand. Deze normalisering uitte zich op een dubbele manier: negatief gesproken als de emancipatie van alle vormen van ideologie – zowel van de rechtse (het nationaal-katholicisme) als van de linkse (de antifranquistische orthodoxie) –, positief gesproken als het ontstaan van een markt voor literaire goederen.

De opheffing van de censuur bracht de normalisering in een stroomversnelling. Er ontstond op korte tijd een markt die gekenmerkt werd door enerzijds professionele producenten (auteurs die van de pen leven, bijgestaan door redacteuren en promotioneel begeleid door literaire agenten die hun belangen bij de cultuurindustrie behartigen), anderzijds een trouwe groep consumenten en daartussenin een uitgebreid en goed gestructureerd middenveld (uitgeverijen, distributie, marketing).

Bestaande uitgeverijen profiteerden van de vrijheid van onderneming om hun activiteiten uit te breiden en buitenlandse groepen kochten zich in op de Spaanse markt. De belangrijkste uitgeverijen op het gebied van de literatuur zijn Alfaguara (gesticht door de gebroeders Cela), Alianza, Anagrama, Cátedra, Destino, Emecé, Espasa Calpe, Grijalbo-Mondadori, Planeta (organisator van de populaire Premio Planeta), Seix Barral (uitgever van de

Latijns-Amerikanen in de jaren zestig), Siruela en Tusquets. De distributie gebeurt via grote boekhandels, zoals La Casa del Libro in Madrid en Crisol Consell in Barcelona, via de FNAC of via winkelketens zoals VIPS en El Corte Inglés. Door de boekenverkoop in de supermarkten of *grandes surficies* (gespecialiseerd in het verkopen van veel exemplaren van weinig titels), hebben de kleine boekhandels het een stuk moeilijker en zijn ze weinig talrijk. Madrid kent twee boekhandels die gespecialiseerd zijn in poëzie: Visor en Hiperión, respectievelijk organisatoren van de Loewe- en de Hiperión-prijs. Van de boekenclubs is Círculo de Lectores de grootste. Een jaarlijks terugkerende gebeurtenis is de boekenbeurs of Feria del Libro in het Retiro-park van Madrid. Al sinds jaar en dag worden langs de wandelboulevard van de Paseo de Coches de honderden *casetas* of hokjes opgesteld waarin boeken verkocht worden of auteurs hun oeuvre signeren. De Feria vindt telkenmale plaats in de eerste helft van juni. De succesboeken van de Feria zijn meestal ook de bestsellers van het jaar.

In de grote kranten verschijnen wekelijks literaire supplementen: 'Babelia' in *El País*, 'Esfera' in *El Mundo*, 'ABC literario'... Naast de tientallen kleine literaire tijdschriften bestaan er in Spanje ook een paar publieksbladen of magazines, die in de kiosken van de grote steden te krijgen zijn. *Leer*, *Quimera* en *El Urogallo* (vroeger ook *Libros*) mikken op een gemiddelde oplage van een paar duizend, al halen ze natuurlijk nooit de cijfers van algemene bladen zoals *Cambio 16* of van de roddelpers à la *Hola* of *Diez minutos*.

Het ontstaan van een markt voor literaire producten brengt ook een 'mediatisering' van de literatuur met zich mee. Er zijn weliswaar weinig of geen literaire programma's op de Spaanse televisie, zeker niet op de commerciële zenders, maar toch bestaat er zoiets als een vast interviewcircuit voor auteurs die net een boek afhebben. Zowel in Madrid als in Barcelona is er bovendien een druk literair leven dat beheerst wordt door rituelen als boekpresentaties, signeersessies, *actos literarios*, *charlas* en wat dies meer zij.

In Spanje bestaan honderden literaire prijzen. In 1976 waren het er al bijna vijfhonderd, nu nog een stuk meer. Van de officiële prijzen is de belangrijkste de Premio Cervantes, zowat de Spaanse

Nobel, die telkens toegekend wordt aan een auteur ter bekroning van een heel oeuvre. Andere officiële onderscheidingen zijn de Príncipe de Asturias (genoemd naar de titel van de Spaanse kroonprins) en de Premios Nacionales de Literatura. Alleen symbolisch belangrijk is de Premio de la Crítica, waaraan geen geldsom verbonden is. Het prijzencircuit is echter ook voor een groot deel geprivatiseerd: de Premio Nadal wordt georganiseerd door uitgeverij Destino, de populaire Premio Planeta door de uitgeverij met dezelfde naam. Manuel Vázquez Montalbán heeft over deze prijzenslag de parodistische (nog niet vertaalde) roman *El premio* (1995) geschreven. Volgens kwade tongen bestaat de Spaanse literatuur niet uit boeken, maar uit prijzen.

Inmiddels heeft het schrijversvak een professionalisering ondergaan. Onder het franquisme was schrijven iets voor de vrije tijd: auteurs waren overdag professor, leraar of ambtenaar. Onder het regime van de markt zijn schrijvers onveranderlijk journalisten. *El País*, gesticht in 1976 in het eerste jaar van de democratie, werd in weinig tijd een van de toonaangevende kranten in Europa. Vooral de berichtgeving uit Latijns-Amerika geniet een goede reputatie. Zo groot was de invloed van deze krant op een gegeven moment dat er volgens de socioloog Jesús Ibáñez op den duur geen verschil meer bestond tussen *El País* en *el país* (het land). *El País* begeleidde kritisch de politieke ontwikkelingen in eigen land en besteedde flink wat aandacht aan het literaire leven. In het begin van de jaren negentig kreeg *El País* een geduchte concurrent in de anti-Gonzálezkrant *El Mundo*, onder leiding van de beruchte journalist Pedro 'Jota' Ramírez. Tamelijk populair in Madrid is de conservatieve krant *ABC*, die tijdens de hele periode van het franquisme bleef verschijnen en nog altijd aan een ouderwetse lay-out vasthoudt.

Camilo José Cela (*ABC*), Rosa Montero, Antonio Gala en Manuel Vicent (*El País*), Belén Gopegui (*El Sol*), Alvaro Pombo (*El Mundo*), Antonio Muñoz Molina (*Diario de Granada*), Francisco Umbral (*El País, ABC* en nu weer *El Mundo*): er zijn weinig auteurs die niet voor een krant of tijdschrift werken, al was het maar op freelancebasis zoals Arturo Pérez-Reverte. Deze sterke traditie van het schrijven van *artículos* gaat terug op Mariano José de Larra (1809-1837), bijgenaamd 'Fígaro' die in de jaren dertig van de vorige eeuw van de journalistiek een volwaardig literair genre maakte. Francisco Umbral schrijft: 'Omdat Spanje een arm land is en er weinig boeken verkocht worden, zijn schrijvers verplicht voor de krant te werken, waardoor onze journalistiek literair gezien zeer briljant is'.

Het voordeel van deze professionalisering is een betere vakkennis bij de auteurs: ze zijn gewend te redigeren en dat leidt tot heldere, vlot leesbare teksten. Onder invloed van de journalistieke stijl is er zelfs een nieuw soort Spaans ontstaan, waarbij Latijnse periodes vervangen zijn door bondige constructies naar Angelsaksisch model. Anderen vinden dan weer dat vooral de journalistiek voordeel heeft gehaald uit deze ontwikkeling. De literatuur zelf zou er alleen maar conventioneler op geworden zijn. Schrijvers hebben zich aangepast aan een snellezend krantenpubliek en krijgen de neiging om succesvolle trucs te herhalen. Deze gemakzucht die leidt tot voorspelbaarheid en oppervlakkigheid wordt ook wel *facilismo* genoemd.

Overigens geldt ook in Spanje het principe *publicar o perecer* (publiceren of sterven). Uitgeverijen dringen er bij hun auteurs op aan om elk jaar een nieuwe titel op te hoesten, het liefst tegen september. Hoe hoger het tempo, hoe korter de roulatie van een boek: twee à drie maand na publicatie verschijnen er al geen recensies meer in de literaire supplementen en omstreeks dezelfde tijd verdwijnt het boek uit de etalages en van de toonbanken en wordt het bijgezet in het 'vagevuur': de boekenwanden waar alleen nog de ruggen zichtbaar zijn. Twintig dagen op de *mesa de novedades* van een VIPS of een Corte Inglés liggen is al een groot succes. Uitgeverijen willen niet alleen zoveel mogelijk verkopen, maar vooral zo snel mogelijk. Omdat zelden grote voorraden worden aangelegd, is het nabestellen van boeken vaak een hachelijke onderneming.

Reclame wordt bijna uitsluitend gevoerd voor boeken van auteurs die al enige naamsbekendheid genieten, omdat die nu eenmaal een voorspelbaar succes opleveren. Nieuwe schrijvers worden

het liefst met een reclamehype gelanceerd. Voor de overgrote rest-
groep is het publiceren van een boek een loterij. De Catalaanse
dichter en prozaïst Pere Gimferrer heeft het in dit verband over de
perdigonada of het schieten met losse hagel: als een uitgeverij maar
genoeg titels lanceert, zal er altijd wel eentje doel treffen. Hoe
meer lootjes van de blindenloterij men koopt, hoe groter de kans
op een prijs. Hetzelfde geldt overigens voor het vertaalbeleid. Er
wordt (werd) gul gesubsidieerd in de hoop dat er ooit, eens, toevallig een boek aanslaat bij het buitenlandse publiek. Met *Het
paneel van Vlaanderen* (1990) van Arturo Pérez-Reverte en *Een hart
zo blank* (1992) van Javier Marías is dat overigens ook gelukt. Deze
laatste roman werd zowat de hemel ingeprezen door de Duitse criticus Marcel Reich-Ranicki tijdens het televisieprogramma 'Das
literarische Quartett', wat resulteerde in een groot verkoopsucces in
Duitsland. Over de *perdigonada* wordt steen en been geklaagd,
vooral door de critici van de grote kranten die wekelijks tientallen
nieuwe titels op hun leestafel krijgen. Een minderheid van deze
critici beschouwt deze overvloed als pure luxe.

   Aan de ene kant is er de willekeur van de *perdigonada*, aan de
andere kant beschikt de markt wel degelijk over eigen selectieme-
chanismen. Naamsbekendheid is een belangrijke factor: een
beroemde schrijver verkoopt goed om de voor de hand liggende
reden dat hij al beroemd is. Om zover te raken, kan een hype
helpen, maar echt programmeerbaar is de literaire markt niet. Er
zijn in de literatuur geen pasklare recepten voor succes. Zelfs best-
seller-auteurs, die toch weten waar ze het over hebben, zijn het
hierover eens.

   Een veelgehoorde klacht is dat de moeilijkere literaire genres
uit de boot vallen. Het eerste slachtoffer is de literatuur zelf:
non-fictie verkoopt nu eenmaal beter. Hoog op de bestsellerlijst
staan de kookboeken van televisiekok Karlos Arguiñano en de
memoires van beroemde Spanjaarden, meestal geschreven door
ghost writers. Binnen de categorie fictie zijn de hoogste verkoopcijfers voor niet-bellettristische genres zoals science-fiction, fan-
tasy, thrillers, horror en detectives. Qua bellettrie slokt de
roman de andere genres op. Van *Habitaciones separadas* (Aparte

kamers), de bekendste poëziebundel van staatsprijswinnaar Luis García Montero, zijn negenduizend exemplaren verkocht: een absoluut record. Volgens Andrés Trapiello zijn er in Spanje maar vijfduizend echte poëzielezers. Een dichter die goed wil verkopen kan dan ook maar beter romanschrijver worden, getuige de loopbaan van de in het Catalaans schrijvende Miquel de Palol die verscheidene dichtbundels publiceerde, maar pas met zijn roman *De Tuin der Zeven Schemeringen* bij een groot publiek doorbrak.

De markt heeft het laatste woord, al was het maar omdat ze nieuwe boeken zo snel uit circulatie haalt. Daarom is er volgens criticus Rafael Conte van de *ABC* een correctie nodig op het marktdenken van de cultuurindustrie, die ongemerkt de rol van de censuur overgenomen heeft. Deze corrigerende taak zou kunnen weggelegd zijn voor een onafhankelijke literaire kritiek. Critici moeten ieder werk op zijn merites beoordelen, los van de hype of de publiciteit. Zij zouden ook minder mediageniek werk onder de aandacht van een geïnteresseerd publiek moeten brengen. Het probleem is dat de krantenkritiek al evenzeer onder de druk van de markt staat als de literatuur zelf. De literaire supplementen bevatten veel verkapte publiciteit: signalementen van nieuw werk, napratende recensies en interviews met auteurs. Critici worden gedwongen het spel van de publiciteit mee te spelen, niet in de laatste plaats omdat ze zelf ook af en toe een roman publiceren, Conte niet uitgezonderd. Ze zitten in jury's of zijn op andere manieren aan het uitgeverswezen verbonden. Conte pleit dan ook voor de individuele integriteit van de criticus. Hij moet schrijven in weerwil van de publiciteit, tegen alles en iedereen in: tegen het corporatisme (*gremialismo*) van de boekensector, tegen uitgevers die meer op hun inkomsten dan op hun uitgaven letten, tegen het opportunisme van auteurs, tegen gemakzuchtige krantenredacties, tegen de afgunst van collega's critici, maar vooral toch tegen zichzelf, tegen de eigen voorkeuren en vooroordelen. De criticus is diegene die zichzelf altijd opnieuw ter discussie stelt. Of zo iemand het in het literaire circus lang volhoudt, is natuurlijk een andere vraag.

Het probleem met de Spaanse kritiek is misschien wel dat er weinig of geen essayisten zijn die de literaire productie kritisch blijven volgen. De krantenkritiek is oppervlakkig en publicitair, terwijl de universitaire kritiek nog vaak zeer traditionele methoden hanteert, zich daarbij voornamelijk richt op oudere literatuur (met vaak een merkwaardige voorkeur voor minder belangrijke auteurs) en bang lijkt te zijn om zich te vergissen. Toch is het recht zich te vergissen het allereerste recht van iedere criticus, aldus nog Rafael Conte.

2. Regionalisme en nationale talen

Hoe sterk ook de invloed van de markt op de literatuur is, Spanje blijft een zuidelijk land met een sterke traditie van staatsinmenging. Onder González bestond er een belangrijk Ministerie van Cultuur (een tijdlang onder leiding van de schrijver Jorge Semprún) met een dynamische Dirección del Libro. Daardoor ging veel steun naar schrijvers en vertalers en kon er goede promotie gevoerd worden in het buitenland. Veel vertalingen in het Nederlands zijn tot stand gekomen met financiële hulp van officiële Spaanse instanties.

Een groot tegenstander van deze staatsbemoeienis is Juan Goytisolo. Volgens Goytisolo werkt de inmenging van overheidswege alleen maar het artistieke conformisme in de hand. In een officieel circuit is literaire kwaliteit namelijk altijd ondergeschikt aan sociale behendigheid: de schrijver die het handigst manoeuvreert, krijgt het gemakkelijkst subsidies los en wie zich conformeert aan de literaire mode maakt de meeste kans op een prijs, ongeacht de intrinsieke kwaliteit van het geleverde werk.

Bijzonder aan de Spaanse situatie is de federalisering van de cultuurpolitiek. Spanje is namelijk sinds de grondwet van 1978 opgedeeld in zeventien min of meer zelfstandige *Comunidades* of *Autonomías*, elk met een eigen cultureel departement. Deze *Comunidades*, zoals Castilla y León, Castilla-La Mancha, Valencia, Murcia en Aragón, zijn bereidwillige sponsors van alles wat zich aandient als een authentieke literaire traditie: regionale klassieken worden met overheidssteun herdrukt, streekauteurs extra gesteund, folkloristische boekwerken gesubsidieerd. Bovendien beschikt elke regio wel over een eigen literaire prijs.

Ook Antonio Muñoz Molina heeft het niet zo begrepen op die door de overheid aangemoedigde regionalisering van de literatuur. 'Al die provinciale, regionale of lokale culturen zijn fictief en bedrieglijk. Zo creëert men onechte markten, officiële uitgeverijen en autonome circuits waarin boeken en schrijvers verdwijnen als in vergeetputten. Het is merkwaardig dat het enthousiasme voor de nationale culturen zich voordoet op een moment dat het voor het eerst in deze eeuw mogelijk is om aan de Spaanse cultuur een internationale en universele dimensie te geven'. Muñoz Molina zelf is van Andalusië afkomstig en dat is in zijn oeuvre te merken aan bepaalde locaties. Toch wijst hij het etiket *andalucismo* af. Het interesseert hem hoegenaamd niet om de culturele identiteit van zijn regio te definiëren. In zijn verderop nog te bespreken roman *Ruiter in de storm* (1991) gaat Muñoz Molina op zoek naar zijn wortels in het Andalusische stadje Ubeda (provincie Jaén), dat hij voor de gelegenheid heeft omgedoopt in Mágina. Al is de nostalgie niet helemaal van de lucht, toch vervalt de auteur nergens in folkloristische beschrijvingen of couleur locale.

Vroeger werden Spaanse schrijvers vaak aangesproken op hun nationaliteit. In het buitenland ging men er stilzwijgend van uit dat Spaanse auteurs alleen over Spanje mochten schrijven. Het liefst zag men dat zij meededen aan de mode van de 'espagnolade': de folkloristische verheerlijking van het Andalusische Spanje met als ingrediënten flamenco, stieren, bloed en machismo. Dit beeld is in de mode gekomen door de romantische Franse schrijvers Prosper Mérimée en Théophile Gautier, verder gepopulariseerd door de toeristische industrie en bestreden door de Italiaanse Spanje-hater Mario Praz. Een tweede mogelijkheid voor Spaanse schrijvers was het antifranquistische engagement. Volgens dit politiek correcte cliché mocht men het alleen hebben over de Tweede Republiek, de Burgeroorlog en de strijd tegen de dictatuur. Spaanse schrijvers moesten in een van beide plaatjes passen: folklore of directe politieke betrokkenheid.

In Spanje zelf speelde men graag in op dit verwachtingspatroon. Vooral in het begin van de eeuw ontstond de intellectuele mode van 'het probleem Spanje'. Essayisten als José Ortega y Gasset, Salvador de Madariaga en Miguel de Unamuno probeerden wanhopig het historische wezen van Spanje te definiëren, waarbij sommigen soms gevaarlijk dicht bij racistische theorieën uitkwamen (Ortega en Baroja). Ook de naoorlogse generatie, waaronder schrijvers als Cela en Goytisolo, hield zich nog vaak met het Spanje-probleem bezig. Voor de auteurs van na 1975 lijkt Spanje echter geen interessante kwestie meer te vormen. Dat komt misschien vooral door de normalisering van het culturele leven na Franco: een Spaanse auteur is niet langer een uitzonderlijk wezen. Sinds hij tot de Europese club is toegetreden, hoeft hij zijn paspoort niet meer te laten zien. Hij kan nu net zo schrijven als zijn Nederlandse, Vlaamse, Deense of Griekse collega, zonder dat hij pittoresk wordt bevonden. Misschien geldt dat wel nog voor Baskische, Catalaanse of Andalusische auteurs, die niet meer aangesproken worden op hun nationale Spaanse, maar op hun regionale identiteit.

Iets anders dan de regionalisering is de heropleving van de literatuur in de zogenaamde 'nationale talen'. Naast het Castiliaans zijn dat het Baskisch, het Catalaans en het Galicisch. Onder het franquisme was de politiek om van het Castiliaans de enige landstaal te maken. Dit uitte zich zelfs in de officiële benaming van die taal: men had het niet langer over *castellano*, maar over *español*, net alsof de andere talen van het schiereiland niet Spaans zouden zijn. De democratische grondwet van 1978 heeft het gebruik van de term *castellano* weer in ere hersteld. De zuiverheid van de taal stond hoog in het vaandel van de franquisten geschreven: het ging hen om het *español castizo* (eigenlijk dus het *castellano castizo*), het klasse- of hoog-Spaans zonder invloeden van buitenaf. Zo fulmineerde de propaganda sterk tegen de veramerikanisering van de Spaanse woordenschat in de jaren vijftig en zestig.

Andere nationale talen werden op allerlei manieren onderdrukt en waar mogelijk zelfs verboden. De literatuur in het Catalaans, het Baskisch en het Galicisch moest overwinteren. Auteurs gingen in binnenlandse ballingschap (*exilio interior*): ze hielden op met schrijven of schreven zonder te publiceren. Vooral voor het Galicisch en het Baskisch, talen die toch al niet zo'n sterke literaire traditie bezaten, was dat fnuikend. De taalkundige Itziar Laka beweert dat het Baskisch een tweede Franco niet zou overleven. Het Catalaans, dat kon bogen op internationaal bekende schrijvers als Mercè Rodoreda, Josep Pla en Salvador Espriu, zou de repressie beter doorkomen.

Met de democratische normalisering keerde ook de taalvrijheid terug en daarmee ook de mogelijkheid om in een andere taal dan het Castiliaans te publiceren. Het literaire magazine *Leer* wijdt in elk nummer een paar bladzijden aan de nationale literaturen. Het aantal gesignaleerde titels is indrukwekkend, maar bijna nooit komt in die lijst een boek voor dat in de rest van Spanje en zeker al niet in Europa aandacht krijgt. Een opmerkelijke uitzondering hierop vormt de roman *Obabakoak of het ganzenbord* (1989) van Bernardo Atxaga. De oorspronkelijke Baskische versie haalde in eigen streek enorme verkoopcijfers (men spreekt zelfs van honderdtwintigduizend voor een taalgebied van hoogstens zevenhonderd duizend potentiële lezers) en werd na vertaling in het Castiliaans een internationale bestseller. Dat laatste is overigens een constante: de vertaling in het Castiliaans is nog altijd de poort naar het internationale succes. Zelfs de in het Catalaans geschreven roman *De Tuin der Zeven Schemeringen* van Miquel de Palol kon pas aan een succesvolle Europese reis beginnen nadat de Castiliaanse vertaling gunstig onthaald was in *El País*. Het is dan ook niet verwonderlijk dat tweetalige auteurs uit Catalonië meestal het Castiliaans verkiezen als literair medium. Dat geldt des te meer voor schrijvers uit Galicië en Baskenland. Zelfs Bernardo Atxaga heeft zijn laatste romans, waaronder de in het Nederlands vertaalde politieke thriller *De man alleen* (1994), onmiddellijk in het Castiliaans geschreven.

3. De terugkeer van de karvelen

De normalisering houdt ook in dat Spaanse schrijvers zich niet langer exclusief op Spaanse modellen hoeven te richten. Vladimir

Nabokov, Iris Murdoch, Bret Easton Ellis, Douglas Coupland en Tom Wolfe zijn minstens even invloedrijk als bijvoorbeeld Miguel Delibes of Gonzalo Torrente Ballester. In de literaire supplementen wordt steevast meer aandacht besteed aan de nieuwe Kundera, Updike, John Grisham of Ken Follet dan aan het laatste boek van een modale Spaanse auteur. Soms leidt dit tot omgekeerd snobisme, alsof alleen wat van buitenaf komt goed kan zijn.

Een specifiek aspect van de internationalisering is de grote aandacht voor de Latijns-Amerikaanse literatuur die sinds de jaren zestig de toon aangeeft. De *boom* van auteurs als García Márquez, Vargas Llosa en Fuentes heeft men ook wel de 'terugkeer van de karvelen' genoemd, naar analogie met een gelijksoortig fenomeen ten tijde van het Latijns-Amerikaanse *modernismo* (het succes in Spanje van de Nicaraguaanse dichter en verhalenverteller Rubén Darío). Eertijds zond Spanje zijn schepen naar Amerika, nu komen ze terug beladen met literair goud. Een ander beeld dat wel eens gebruikt wordt is dat van een ironische *Reconquista* of nog: de herontdekking van Spanje door Amerika. De Latijns-Amerikaanse *boom* overviel Spanje op een ogenblik dat er in de eigen literatuur weinig interessants te beleven was. Het was de tijd van het verwaterende realisme en van de eerste formele experimenten naar het voorbeeld van de Franse *nouveau roman*. *Honderd jaar eenzaamheid* (1967) werd in een recordtempo het meestgelezen boek in het Spaans ná de Bijbel en de *Don Quichot*.

Het succes van de Latijns-Amerikanen is kenmerkend voor de nieuwe situatie in de Spaanstalige wereld, waar Madrid allang niet meer het centrum van een Imperium is. In vergelijking met de massa's *hispanohablantes* in steden als Mexico, Los Angeles en Miami, is Castilië zelfs een verwaarloosbare provincie. Het Amerikaanse continent levert nu al bijna negentig procent van de 350 miljoen Spaanstaligen. Heel belangrijk is de invloed van de *hispanos* of de Spaanstalige gemeenschap in de Verenigde Staten die met haar snel groeiende media steeds meer de toekomst van het woordgebruik bepaalt. Overigens is het belangrijkste woordenboek van de Spaanse taal van Columbiaanse makelij: het *Woordenboek van de opbouw van de Spaanse taal*, acht dikke delen, het geesteskind van Rufino José Cuervo (1850-1911), pas in 1995 voltooid door een equipe van hoofdzakelijk Columbiaanse taalkundigen.

Ook op literair vlak heeft de mengtaal van de mestiezen het van het 'zuivere' Castiliaans gehaald. Spaanse schrijvers van het schiereiland worden nauwelijks gelezen in Latijns-Amerika, onder meer vanwege de duurte van de boeken, terwijl het omgekeerde wel het geval is. Het Spaans van Guillermo Cabrera Infante is eigenlijk Cubaans, of liever: Havanees. Fernando del Paso schrijft Mexicaans Spaans, Alfredo Bryce Echenique een Andijns soort Spaans, Juan José Saer een Río de la Plata-Spaans.

De grootste pleitbezorger van het Amerikaanse Spaans is ongetwijfeld de Mexicaan Carlos Fuentes. Zijn hele oeuvre en in het bijzonder de verhalenbundel *Apollo en de hoeren* (oorspronkelijke titel *El Naranjo*, de Sinaasappelboom, 1993) is een grote lofzang op de taal. Zonder taal geen geschiedenis, geen cultuur, geen literatuur. De schrijver is degene die met taal een nieuwe wereld bouwt. Fuentes draait de gangbare voorstelling van zaken om: er is niet eerst een wereld die pas dan in taal omgezet moet worden, literatuur gaat aan de wereld vooraf. De geschiedenis van Spanje en Spaans-Amerika is een product van de Spaanse taal en literatuur. Het typische voor taal is echter dat ze nooit zuiver en ongerept is. Er zijn altijd invloeden van buitenaf, die de taal alleen maar sterker, mooier, rijker maken. Fuentes gebruikt hier het beeld van de sinaasappelboom. Er is volgens hem geen beeld dat beter de Spaanse identiteit uitdrukt dan een Spanjaard die een sinaasappel eet. Tegelijk is de sinaasappel een exotische, oosterse vrucht; het woord *naranja* verraadt al de allochtone origine. In Spanje geplant door de Arabieren, is de sinaasappelboom met de kolonisatoren naar Amerika meegereisd. Met de boom heeft ook het woord de wereld veroverd. Zo vruchtbaar als de sinaasappelboom, zo rijk is volgens Fuentes ook de Spaanse taal. Deze is namelijk in staat gebleken andere talen in zich op te nemen. Fenicische, Griekse, Latijnse, Arabische en Hebreeuwse invloeden zijn in de Spaanse woordenschat overgegaan, en vanaf 1492 ook Amerikaanse. Dat proces van bevruchting houdt nooit op: nu is het vooral de smeltkroes van Los Angeles die het Spaans verrijkt, multicultureel maakt, elasticiteit geeft voor de toekomst. Het boek *Apollo en de hoeren* eindigt met het visioen van de nimmer stervende sinaasappelboom. Columbus heeft zojuist Amerika verpatst aan de Japanners en keert totaal berooid terug naar Europa. Al wat hem rest, is het zaad van een *naranjo*, symbool van de Spaanse taal. Hij besluit om dat zaad te planten voor hij sterft, zodat toekomstige generaties er plezier van kunnen hebben. De taal die Columbus na vijf eeuwen aan de Spanjaarden teruggeeft, is echter een heel andere taal dan die waarin hij zelf zijn reisjournaal schreef. Het is een veramerikaniseerd mestiezenspaans geworden, 'waarin niets verloren is gegaan'.

De vraag is natuurlijk of het idee van een taalkundige smeltkroes ook tot het schiereiland doorgedrongen is of dat Spanjaarden zich nog altijd als de meesters van de taal beschouwen. Het is normaal dat een Castiliaan 'zuiver' Castiliaans schrijft, vooral als zijn publiek beperkt blijft tot het eigen land. Anderzijds moeten we de mythe van het *castellano castizo* ook niet overdrijven. Er zijn onder de auteurs weinig echte taalpuristen. De reden daarvoor is dat schrijvers, meer dan welke taalgebruikers ook, behoefte hebben aan een levende, soepele taal en desnoods die taal zelf creëren door opname van 'vreemde' elementen. Een goed voorbeeld hiervan is de modernist Ramón del Valle-Inclán, een van de eerste Spaanse auteurs die zichzelf amerikanismen toestond. Over de taalcreatie van Cela, Goytisolo en Emilia Pardo Bazán hebben we het eerder al gehad.

Bovendien is de linguïstische diversiteit ook in Spanje zelf een onontkoombaar gegeven. Spanjaarden hebben snel door of een schrijver uit het noorden of het zuiden komt. Catalanen schrijven een anderssoortig Spaans dan hun collega's uit Madrid, net zoals de taal van Peruanen verschilt van die van Bolivianen. De grammatica is gemeenschappelijk, maar tongval, syntaxis en lexicale voorkeuren zijn anders. Misschien valt de situatie te vergelijken met de taalsituatie bij ons: Vlamingen en Noord-Nederlanders schrijven in principe dezelfde taal, maar iedere lezer herkent de specifieke muziek.

Taalkundige invloed is moeilijk meetbaar, thematische al even-min. Het is een gemeenplaats dat de hedendaagse Latijns-Amerikaanse literatuur uit twee hoofdrichtingen bestaat: het magisch-realisme (*lo real maravilloso*) en de fantastische literatuur. Het magisch-realisme wordt vooral in de multiculturele omgeving van de Cariben beoefend. Grondlegger is de Cubaan Alejo Carpentier (1904-1980) en belangrijkste vertegenwoordiger de Columbiaan Gabriel García Márquez (°1928). De fantastische literatuur heeft dan weer haar wortels in de grote steden Buenos Aires en Montevideo. Vaak wordt hier de naam van de Argentijn Jorge Luis Borges (1899-1986) geciteerd, maar zijn peetvaderschap is fel omstreden. Zijn landgenoot Julio Cortázar (1914-1984) is waar-schijnlijk een veiliger keus.

Volgens de klassieke definitie van Alejo Carpentier is het magisch-realisme een vorm van realisme, gebaseerd op de premis-se dat de werkelijkheid in Latijns-Amerika uit zichzelf al zo won-derlijk is dat de auteur niets anders hoeft te doen dan zich voor dat wonder open te stellen. Ook García Márquez hanteert deze defini-tie: 'Ik ben een realistische schrijver, want ik geloof dat in Latijns-Amerika alles mogelijk is en daarom ook alles reëel. Dit schept een technisch probleem: de schrijver kan bijna onmogelijk weergeven wat er écht gebeurt in Latijns-Amerika, want als hij het zou opschrijven in een boek zou niemand hem geloven. Dagelijks wor-den wij omringd door fantastische en uitzonderlijke dingen'.

De stelling luidt dat in Latijns-Amerika de wereld nog niet ont-toverd is, in tegenstelling tot Europa waar de cultuur het mense-lijke brein volledig gekoloniseerd heeft. Carpentier bezocht in 1943 Haïti en constateerde dat de magische voodoo-praktijken er nog deel uitmaakten van het dagelijkse leven. In schril contrast hier-mee staan de cerebrale oefeningen van het Europese surrealisme, met name dan van de Franse variant. De surrealisten leggen een paraplu en een naaimachine op een dissectietafel en denken daar-mee iets revolutionairs gedaan te hebben. In Latijns-Amerika is het surrealisme een dagelijks feit.

Nu zijn er wel wat vragen te stellen bij Carpentiers realisme-opvatting. Wat betekent bijvoorbeeld 'zich openstellen voor de werkelijkheid'? Mij lijkt veeleer dat ook het magisch-realisme een techniek is om de verbeelding te stimuleren, net zoals het surrealisme dat was, althans in de definitie van Luis Buñuel. Het grote verschil is dat het surrealisme een grootstedelijk verschijnsel was, een artistieke reactie op het moderne leven, terwijl magisch-realisten à la Márquez hun verhalen bij voorkeur in een premoderne samenleving situeren, waardoor de verbeelding homogeen blijft met de opgeroepen wereld. Zo speelt *Over de liefde en andere duivels* (1994) in het Cartagena de Indias van de achttiende eeuw, nog vóór de komst van de Verlichting. *El reino de este mundo* (Het rijk van deze wereld, 1949), misschien wel de Latijns-Amerikaanse magisch-realistische roman bij uitstek, behandelt de periode van de Franse Revolutie op Haïti. De Franse modernen worden er verslagen door de magische praktijken van de voodoo-priesters.

Als men zich strikt aan de definitie van Carpentier houdt, is een Spaanse variant van het magisch-realisme onmogelijk. Spanje is al te veel Europa geworden: onder druk van de moderniteit heeft de werkelijkheid er haar magische aura verloren. Misschien ervaart een Noord-Europese lezer Spanje nog als verschillend en exotisch, dat is niet uit te sluiten: magie ligt toch hoofdzakelijk in het oog van de waarnemer. De onttovering van de realiteit hoeft echter niet in te houden dat een schrijver die behept is met magische aspiraties werkeloos moet toezien. Er blijven nog altijd verschillende mogelijkheden over. Zo kan hij op zoek gaan naar restvormen van bijgeloof, meestal op het platteland van Galicië of Extremadura, streken zonder noemenswaardige industrie waar de moderniteit dan ook minder genadeloos toegeslagen heeft. In Cela's *Mazurka voor twee doden* zijn de volksgebruiken nog volop levendig. Ook de jeugdjaren van de schrijver zijn nog altijd magisch gebied; ik denk hierbij aan Antonio Muñoz Molina's *Ruiter in de storm* en vooral aan Adelaida García Morales' *Het zuiden*. Andere auteurs vertrekken dan weer naar het verre verleden, daarbij toegevend aan de zucht tot escapisme (de neoromantische strekking) of schrijven sprookjes (Carmen Martín Gaite, Rosa Montero). In *De stad der wonderen* kiest Eduardo Mendoza voor een vijfde mogelijkheid: hij beschrijft de beginfase van het modernisme, de naïef-optimistische tijd toen de wereld nog net niet onttoverd was. De eerste trein, de eerste radio en de eerste telefoon werden nog ervaren als miraculeuze en derhalve magische gebeurtenissen. Overigens worden ook in García Márquez' *Honderd jaar eenzaamheid* dergelijke 'eerste' ervaringen beschreven.

Als men het magisch-realisme weigert te zien als een vorm van realisme, maar veeleer als een methode om de verbeelding te stimuleren, dan hoeft men niet per se de omweg over García Márquez en de Latijns-Amerikanen te maken. Het surrealisme is in Spanje zeer sterk vertegenwoordigd met namen als Buñuel, Dalí en Lorca – om maar bij het canonieke drietal van de Residencia de Estudiantes te blijven. Volgens Jean-Claude Carrière, scenarist van onder meer *Le charme discret de la bourgeoisie*, kan de invloed van Buñuel op hedendaagse Spaanse schrijvers moeilijk overschat worden.

Op de autochtone traditie van het groteske realisme of de *esperpento* komen we verderop nog terug, net als op de herwaardering van het sprookje in de literatuur geschreven door vrouwen.

De fantastische literatuur stamt voornamelijk uit Río de la Plata (Argentinië en Uruguay, landen die qua samenstelling van de bevolking veel Europeser zijn dan bijvoorbeeld Peru of Mexico) en gaat nadrukkelijker terug op de erfenis van het Europese surrealisme. Getuige hiervan het oeuvre van Julio Cortázar. Zijn multiroman en cultboek *Rayuela: een hinkelspel* (1963) zit vol verwijzingen naar leven en werk van André Breton, René Crevel, Louis Aragon en aanverwante geesten en heeft tot doel om de werkelijkheid door middel van de subversieve verbeelding open te breken. Vooral rationalistische theorieën moeten het ontgelden; eigenlijk is *Rayuela* een grote aanklacht tegen het westerse denken en een pleidooi voor een ludieke manier van leven. Ook in zijn korte verhalen toont Cortázar gefascineerd door al het ongewone dat onze rationele werkelijkheidsopvatting op losse schroeven zet.

Deze traditie van de fantastische verhalen wordt in Spanje voortgezet door Manuel Vicent in *Kronieken van de grote stad* en Javier Tomeo (*Geliefd monster, De markies schrijft een opmerkelijke brief*). Een surrealistische sfeer spreekt uit het werk van Enrique Vila-Matas (*Voorbeeldige zelfmoorden* en *Dada uit de koffer*), dat verderop nog besproken wordt. Elementen van de *Gothic Novel* zijn onder meer terug te vinden bij Adelaida García Morales (*De logica van de vampier*) en bij Carmen Martín Gaite (*De achterkamer*).

Een zeer grote invloed gaat ook uit van Jorge Luis Borges, al valt hij moeilijk te klasseren onder de hoofding 'fantastische literatuur' en al helemaal niet onder 'magisch-realisme'. Borges stond met name zeer afwijzend tegenover het surrealisme en elke andere vorm van avant-gardekunst, hoewel hij eerst een tijdje meegedaan heeft aan het *ultraísmo*. De stijl van Borges is uitgesproken klassiek met een duidelijke voorkeur voor soberheid en helderheid. Zijn creatieve methode gaat terug op filosofen als Berkeley, Hume en Schopenhauer. 'Fantastisch' is zijn literatuur alleen in de zin van 'metafysisch'. Zijn verhalen zijn filosofische speculaties over God, de eeuwigheid en de tijd met een minimum aan couleur locale: het tegendeel van wijdlopige 'realistische' auteurs als García Márquez. Volgens Robert Lemm, Borges' grootste pleitbezorger in de Nederlanden, vormt de Argentijn een voorbeeld apart. Iedereen beroept zich tegenwoordig op de grootmeester, vooral de postmodernisten, maar men gaat daarbij voorbij aan de specifieke, metafysische teneur van het oeuvre: 'Borges heeft zich veel te bewust met de "eeuwige" vragen beziggehouden om hem een postmodernist te kunnen noemen'. In die zin is *Obabakoak* van Bernardo Atxaga geen borgesiaanse roman, wat overigens een ongemakkelijke combinatie van woorden is, omdat Borges zelf nooit een roman geschreven heeft. Ook *De schaal van de kaart* (1994) van Belén Gopegui is door de kritiek binnen een borgesiaanse traditie gesitueerd, maar dat geldt alleen voor haar metafysische probleemstelling, niet voor de wilde, barokke, surrealistische en dus on-borgesiaanse wijze waarop zij de Spaanse taal hanteert.

Antonio Muñoz Molina koestert dan weer een grote bewondering voor de Uruguayaanse auteur Juan Carlos Onetti, in wiens oeuvre geen enkel Latijns-Amerikaans cliché voorkomt: geen magie, geen jungleproza, geen kleurrijke setting. Men kan Onetti met andere woorden niet imiteren, omdat er hoegenaamd niets over te nemen valt. Echte invloed is dan ook meer een kwestie van verwantschap van geest of een soortgelijk aanvoelen van de werkelijkheid.

4. Groepen en namen

In 1995 organiseerde het literaire magazine *Leer* een enquête onder critici over de vraag wat volgens hen het belangrijkste verschijnsel was in de moderne Spaanse literatuur. Het antwoord luidde eenstemmig: 'diversiteit'. Alle genres, stijlen en onderwerpen kunnen aan bod komen. Weliswaar heeft in het commerciële circuit de roman een dominante positie verworven, maar dat betekent niet dat andere genres onbeoefend blijven. Overigens vormden de antwoorden van de critici zelf het beste bewijs van die verscheidenheid: zodra de diversiteit eenmaal geconstateerd was, gaf iedereen namelijk weer een ander antwoord op de vraag wat verder kenmerkend was voor het moderne proza.

De meeste critici vonden de veelvormigheid een goede zaak. Iedere lezer kan immers zijn eigen keuze maken uit het aanbod, daarin desgewenst geholpen door de kritiek. Anderen betreuren dan weer de onoverzichtelijkheid. Zij zien er het bewijs in dat kwaliteit het aflegt tegen kwantiteit. Zo beweert Juan Goytisolo dat de markt overspoeld wordt door typische uitgeversproducten die helemaal niets meer met echte literatuur te maken hebben.

Inderdaad is de overdaad aan publicaties de belangrijkste reden voor de huidige onoverzichtelijkheid. Geen criticus kan de productie nog overzien, zelfs niet binnen een bepaald genre. Een andere oorzaak voor de verwarring is van meer literair-historische aard. Onze tijd is geen tijd meer van scholen en poëtica's, omdat de literatuur zich bevrijd heeft van de grote ideologische verhalen. Niemand gelooft nog in de combinatie kunst/messianistische politiek, niemand denkt nog dat kunst de wereld kan redden. Schrijvers uit de politieke tijd waren daarentegen nog gemotiveerd om realistisch of juist experimenteel te schrijven. Ideologieën dienden als bindmiddel tussen auteurs. Er ontstonden allerlei politieke en poëticale fracties, maar de consensus was altijd het antifranquisme. 'Tegen Franco schreven we beter' is een beroemde uitspraak van Manuel Vázquez Montalbán. Onder invloed van het antifranquisme heeft de illusie van de avant-garde (het samengaan van kunst en politiek engagement) het langer volgehouden dan elders in Europa. Vandaar ook het grote belang van scholen en fracties tot een stuk in de jaren zeventig. Het einde van de politieke ideologie en de gevolgen daarvan voor de literatuur vormen het thema van de korte roman *Geschiedenis van een idioot door hemzelf verteld* van Félix de Azúa.

Bij gebrek aan grote poëticale theorieën worden literaire groepen alleen nog om publicitaire redenen gevormd. Meestal gaat het initiatief daartoe uit van uitgevers of critici, eerder dan van de kunstenaars zelf zoals in de jaren zestig het geval was. In 1972 probeerden de uitgeverijen Planeta en Barral het merk *nueva novela española* of *nueva narrativa española* te lanceren, naar analogie met de *nueva novela latinoamericana* die tien jaar daarvoor zo'n succes had gehad. De N.N.E. is echter geen -isme zoals het experimentalisme dat was, maar louter een verzamelnaam voor een nieuwe lichting auteurs. Antonio Muñoz Molina, lange tijd de grootste belofte onder deze 'jongeren' en ook degene die het meest met de N.N.E. geassocieerd werd, was de eerste om het etiket af te wijzen: natuurlijk is er een nieuwe generatie schrijvers opgestaan, net zoals er op tijd en stond nieuwe generaties advocaten, haarkappers en taxichauffeurs opkomen.

Ook de *generación X (equis)*, vergelijkbaar met de Generatie Nix in Nederland, is eerder een editoriale hype dan een school in de traditionele betekenis van het woord. Van deze *equis*-auteurs zijn Ray Loriga (met onder meer *Helden*) en José Angel Mañas (*Madrileense roulette*) in het Nederlands vertaald. Over het fenomeen vrouwenliteratuur of *escritura femenina* kom ik later nog te spreken.

Bij gebrek aan alomvattende thema's en tendensen beperken critici zich vaak tot de bespreking van afzonderlijke oeuvres en namen. Opnieuw stelt zich hier echter het probleem van de selectie.

Hoe scheidt men het kaf van het koren? Welke criteria moet men hanteren? Grosso modo stellen zich twee mogelijkheden. Ofwel beperkt men zich tot de verkoopcijfers en laat men de markt beslissen. Ofwel laat men het oordeel over aan gespecialiseerde lezers zoals critici en literatuuronderzoekers. Met andere woorden: kwantiteit of kwaliteit.

Beperken we ons eerst tot de verkoopcijfers. Volgens gegevens uit *El País* bestond de club van de *superventas* in maart 1996 uit zeven leden. Dit wil zeggen: zeven auteurs torenen regelmatig boven de honderdvijftigduizend verkochte exemplaren uit. In alfabetische orde zijn dit: J.J. Benítez, Antonio Gala, Eduardo Mendoza, Terenci Moix, Arturo Pérez-Reverte, Alberto Vázquez Figueroa en Manuel Vázquez Montalbán. Aan het lijstje ontbreekt Corín Tellado, schrijfster van meer dan vierduizend stationsromannetjes, een cijfer het *Guiness Book of Records* waardig, waarvan er naar het schijnt honderden miljoenen verkocht zijn. Deze *novelas románticas* worden echter niet – nu weer op kwalitatieve gronden – tot de Literatuur met grote L gerekend, ook al is Mario Vargas Llosa een bewonderaar van deze ongekroonde *escribidora* of veelschrijfster. De cijfers van *El País* zijn ook maar een momentopname. Verwonderlijk is bijvoorbeeld de afwezigheid van Almudena Grandes.

Van de zeven officiële *superventas* zijn er drie niet in het Nederlands vertaald: Benítez, Gala en Moix. Benítez schrijft fantasy-literatuur: boeken over UFO's en tempeliers en een succesvolle vijfdelige cyclus getiteld *El caballo de Troya* (Het paard van Troje). Antonio Gala (*La pasión turca*, De Turkse passie, 1993 en *La regla de tres*, De regel van drie, 1996) en Terenci Moix (*Garras de astracán*, Klauwen van astrakan, 1991) zou men gemakshalve in de categorie van het neoromantische proza kunnen onderbrengen.

Men kan de selectie ook overlaten aan mensen die van selecteren hun beroep gemaakt hebben. In 1991 vroeg de redactie van het tijdschrift *Quimera* aan achttien vooraanstaande critici hun lijstje van vijf beste boeken. Met enig kunst- en vliegwerk kwam men zo tot 'de tien beste Spaanse boeken sinds de *Transición*'. In willekeurige volgorde zijn dat: *Saúl ante Samuel* (Juan Benet), *Mazurca para dos muertos* (Camilo José Cela), *Escuela de mandarines*

(Miguel Espinosa), *Paisajes después de la batalla/ Makbara* (Juan Goytisolo), *Antagonía* (Luis Goytisolo), *Si te dicen que caí* (Juan Marsé), *Larva* (Julián Ríos), *La vida perra de Juanita Narboni* (José Angel Valente), het verzamelde oeuvre van Angel Vázquez en *Galíndez* (Manuel Vázquez Montalbán).

Voor wie de Spaanse literatuur ook maar een beetje volgt, is het meteen duidelijk dat dit lijstje onmogelijk door modale lezers opgesteld kan zijn. Het verschilt dan ook sterk van de toptien van verkoopcijfers: van de geciteerde auteurs is alleen Vázquez Montalbán een *superventa*. Met Espinosa, Ríos, Valente en Angel Vázquez worden zelfs vier uitgesproken marginale auteurs genoemd, maar ook de meeste anderen zijn typische *writer's writers*, dit wil zeggen: auteurs die binnen een klein artistiek circuit circuleren en van wie het symbolische prestige hoger is dan hun daadwerkelijke inkomen uit literatuur. De Franse socioloog Pierre Bourdieu noemt dit artistieke circuit het *champ de production restreinte* of 'beperkte productie', tegenover de *champ de grande production* van de massacultuur. Aan deze schrijvers voor schrijvers worden colloquia, monografieën en speciale tijdschriftnummers gewijd. Critici nemen hen op in hun bloemlezingen en zorgen ervoor dat ze voor hun dood al tot de literatuurgeschiedenis behoren.

Van de boeken uit het *Quimera*-lijstje zijn er maar twee in het Nederlands vertaald: *Galindez* van Montalbán en *Mazurka voor twee doden* van Cela. Dit is, hoewel jammer, toch te begrijpen: het commerciële risico is te groot en bovendien gaat het vaak om werk dat moeilijk te vertalen is. De romancyclus *Larva* van Julián Ríos spant wat dit betreft de kroon. Ríos' 'teksturen' of *novela-ríos* (naar het Franse *roman fleuve*) wemelen van de puns en de onvertaalbare woordspelingen zoals die ook in *Finnegans Wake* van Joyce voorkomen. De vertaler moet dus zelf een taalvirtuoos zijn.

Ook Miguel Espinosa's *Escuela de mandarines* (Mandarijnenschool, 1974) is zulk een exuberant meesterwerk. Achttien jaar lang werkte Espinosa aan het boek. In vergelijking met Ríos experimenteert hij minder met taalvormen, maar dat maakt zijn boek er niet minder moeilijk om. Met name is een grondige kennis van

de middeleeuwse theologie en filosofie bijna onontbeerlijk. Het
verhaal speelt zich af in de verre toekomst, miljoenen jaren van ons
tijdperk verwijderd, maar de wereldorde die in *Escuela de mandarines* gestalte krijgt, doet heel erg denken aan de filosofie van
Thomas van Aquino en de scholastici. Espinosa beheerst die mate-
rie als geen ander, maar is – volgens een legende die hij zelf in het
leven geroepen heeft – opgehouden met lezen bij Willem van
Ockham (1280-1348). Alle moderne romans hebben volgens hem
de status van kinderliteratuur – de magische verhalen van García
Márquez voorop. In de anachronistische verpakking van een
gigantisch science-fictionboek bevat *Escuela de mandarines* ook een
flinke dosis kritiek op de franquistische maatschappijvorm. Veel
toegankelijker hoewel even anticonformistisch is de sociologische
roman *Stuitende burgers* (1990). In vijf portretten geeft Espinosa
een haast wetenschappelijke analyse van de levensstijl, de normen
en waarden van de nieuwe middenklasse die in Spanje ontstaan
was na het economische mirakel in de jaren zestig.

Tegenover de lijst van de *superventas* en van *Quimera* kunnen
we de bibliografie maken van boeken die in het Nederlands vertaald zijn. Van 1975 tot 1995 zijn dat er een zeventigtal. De belangrijkste filters zijn het publiekssucces in Spanje (al worden zeker
niet alle bestsellers automatisch vertaald), de erkenning door buitenlandse critici (Frankrijk, Duitsland, Engeland) en de bekroning
met literaire prijzen. Deze factoren verklaren echter nog niet waarom Alvaro Pombo wél en Francisco Umbral níet vertaald is, waarom wel Rosa Montero en niet de gelauwerde Soledad Puértolas.
Op basis van het publiekssucces alleen zouden ook Terenci Moix
en Antonio Gala bij de club van de vertaalden moeten horen en als
we alleen rekening houden met de literaire kwaliteiten zou van
Juan José Millás veel meer vertaald moeten zijn dan *Elena's eenzaamheid* (1990), dat niet eens zijn beste werk is. Eén constante
valt er daarentegen wel te noteren: alleen proza lijkt in aanmerking
te komen voor vertaling, en dan nog voornamelijk de roman.
Essays worden niet vertaald, behalve een enkele bundel van Juan
Goytisolo, poëzie of theater al evenmin.

Maarten Steenmeijer kwam in zijn proefschrift *De Spaanse en Spaans-Amerikaanse literatuur in Nederland (1946-1985)* tot de conclusie dat er voor de Spaanse literatuur geen systematisch vertaalbeleid bestaat, dit in tegenstelling tot de professionele manier waarop de Latijns-Amerikaanse literatuur opgevolgd wordt door uitgeverijen, vertalers en critici. Deze stelling gaat uit van de situatie van tien jaar geleden en moet enigszins gecorrigeerd worden. Zo is het succes van Javier Marías ook te danken aan het feit dat hij, zoals García Márquez en Vargas Llosa, door Meulenhoff uitgegeven wordt. Wat dan weer pleit voor de stelling van de inconsistente benadering is dat er in verhouding tot het aantal titels veel verschillende auteurs vertaald zijn. Van veel auteurs is weinig uitgebracht, wat erop wijst dat er ook op het gebied van de vertalingen sprake is van een *perdigonada* (in het wild schieten). Typische slachtoffers hiervan zijn Juan José Millás en Félix de Azúa.

Toch zijn er al heel wat uitzonderingen op de één-boek-per-auteur-regel. Cela, Goytisolo en Mendoza zijn elk goed voor minstens vijf boeken in het Nederlands, maar ook Marías, Muñoz Molina, Pérez-Reverte en Almudena Grandes worden sinds kort goed opgevolgd. Van een zestal auteurs bestaan er pocketedities.

In verhouding tot het aantal titels zijn er tamelijk veel uitgevers actief op het gebied van de Spaanse letteren: wijst dit erop dat het gebied niet systematisch uitgekamd wordt, of is het tegendeel het geval? Echte reeksen worden niet gevormd, met uitzondering van de nu al meer dan twaalf delen tellende 'Spaanse Bibliotheek' van uitgeverij Menken Kasander & Wigman, die vooral sterk het werk van Alvaro Pombo promoot.

5. Genres

De enige mij bekende indeling op basis van Nederlandse vertalingen is van Maarten Steenmeijer. Zijn classificatie beslaat alleen de jaren 1975-1985 en is dus gebaseerd op een beperkt aantal titels. Voor in het derde deel een alternatieve indeling gepresenteerd

wordt, volgen hieronder de vijf genres van Steenmeijer. Respectievelijk gaat het om de misdaadroman of *novela negra*, de column,
de literatuur geschreven door vrouwen, het neoromantische proza
en het groteske realisme.

Hoewel de term *novela negra* vertaald is uit het Frans (*roman
noir*), zijn de grote voorbeelden Amerikanen: Raymond Chandler
en Dashiel Hammett. Kenmerkend voor de *novela negra* is dat de
held van het verhaal niet onaantastbaar boven de misdaad staat,
maar zelf wordt meegezogen wordt in de criminele wereld die hij
als eenzame figuur bestrijdt. Het onderscheid tussen goed en
kwaad is vervaagd; de misdaad is er ook aantrekkelijker door
geworden. Bij de Spanjaarden is de belangrijkste auteur van mis-
daadromans Manuel Vázquez Montalbán. Zijn *Serie Carvalho*
rond de cynische privé-detective Pepe Carvalho is inmiddels aan
zijn twintigste deel toe. Begonnen als literair experiment met *Yo
maté a Kennedy* (Ik heb Kennedy gedood, 1972), is de reeks in
twintig jaar uitgegroeid tot een commerciële productie waar een
heel redactieteam mee bezig is. In de reeks zit inmiddels ook al een
heus kookboek met alle recepten van Carvalho, spin-off van de
andere deeltjes waarin altijd weer uitgebreid getafeld werd. Het
personage van Carvalho heeft al die jaren verrassend weinig veran-
deringen ondergaan en is steeds stereotieper geworden. Alleen de
decors wijzigen nog. Deel twintig speelt zich af in het literaire
milieu: op de avond van de uitreiking van een belangrijke letter-
kundige prijs, wordt de organisator vermoord aangetroffen. Pepe
Carvalho wordt ingeschakeld.

Niet door Steenmeijer genoemd, maar in Spanje en daarbuiten
minstens even populair is Alberto Vázquez Figueroa met bestsellers als *Ebano* en *Océano*. In tegenstelling tot Montalbán, die ook
literaire romans geschreven heeft zoals *De pianist* en *Galíndez,
spoorloos verdwenen*, wordt Figueroa door critici echter minder
hoog ingeschat. Ingrediënten van de *novela negra* zijn overigens
in veel literaire romans terug te vinden, waaronder *Winter in
Lissabon* (1987) van Antonio Muñoz Molina, *Een hart zo blank*
(1992) van Javier Marías en de erudiete thrillers van Arturo Pérez-
Reverte.

Een tweede genre dat tussen 1975 en 1985 in de mode was, is het journalistieke proza. Regelmatig bundelen schrijvers hun columns en krantenstukken en een enkele keer levert dat interessant werk op, zoals in Muñoz Molina's *El Robinson urbano* (1993). Vertaald wordt dit journalistieke werk nooit. Steenmeijer citeert alleen *Kronieken van de grote stad* van Manuel Vicent en dat zijn dan ook verhalen die los van de actualiteit gelezen kunnen worden, hoewel ze eerst in *El País* gepubliceerd zijn. Meestal hebben ze als uitgangspunt een fait divers uit het moderne stadsleven: het verschijnen van groepen bedelaars in de straten, een bommencampagne van ETA, een nieuwe trend in het uitgaansleven of de opening van de eerste Amerikaanse hamburgertent in Madrid. Vicent begint zijn verhalen vaak op een nuchtere toon, maar algauw neemt het absurdisme de overhand: een vrouw loopt verloren in een grootwarenhuis en moet er blijven overnachten, een kerngezonde opa wordt tijdens de wintersportvakantie door zijn familie in het ziekenhuis achtergelaten... Eigenlijk zijn de verhalen van Vicent zo fantastisch dat men ze niet langer tot de journalistiek in strikte zin kunt rekenen.

Veel succes heeft volgens Steenmeijer ook de literatuur geschreven door vrouwen. In zijn studie van 1987 noemt hij alleen het werk van Rosa Montero en Esther Tusquets, die toen net vertaald waren, maar inmiddels zijn daar namen bijgekomen als Almudena Grandes, Adelaida García Morales en Belén Gopegui. Inmiddels beleefde ook Carmen Martín Gaite een internationale comeback, hoewel ze in Spanje altijd een vaste verschijning gebleven is. Enigszins verwant aan het succes van de vrouwenliteratuur is de hausse van de erotische literatuur. Ger Groot heeft over dit fenomeen geschreven in het Spanje-nummer van het literaire magazine *Bzzlletin* (zie III.6).

Een vierde succesvolle genre is het neoromantische proza, waaronder Steenmeijer de escapistische literatuur verstaat: romans waarin de lezer de kans geboden wordt te vluchten naar een plaats ver weg in de tijd of de ruimte. Dit escapisme wordt vruchtbaar beoefend door Jesús Ferrero (met een Chinese en een Tibetaanse liefdesroman) en Javier García Sánchez, hoewel beiden niet vertaald zijn, net zomin als Terenci Moix en Antonio Gala die aan het lijstje kunnen worden toegevoegd. Tenslotte vermeldt Steenmeijer het genre van het groteske realisme: de traditie van schelmenroman, *esperpento* en *tremendismo* (zie III.1. en III.2).

Wat aan de lijst van Steenmeijer ontbreekt, is de historische roman, niet de neoromantische variant die teruggrijpt op de klassieke oudheid of de Middeleeuwen, maar de literaire verwerking van het recente verleden. De dag dat men over het franquisme begint te schrijven, zou dat wel eens heel bijzondere literatuur kunnen opleveren, dixit Steenmeijer in 1987. Tien jaar later is de oogst eerder bescheiden. Zeker in het Nederlandse taalgebied is er weinig van doorgedrongen (zie III.3).

III. Thema's en oeuvres

1. Grotesken

De stad der wonderen

Bij ons zal Eduardo Mendoza (°1943) wel altijd de auteur van *De stad der wonderen* (1986) blijven, het verhaal van Onofre Bouvila die als straatarme jongen in Barcelona aankomt en aan het eind eigenaar is van de halve stad. Deze schelmenroman wordt vaak beschouwd als het Spaanse antwoord op de Latijns-Amerikaanse *boom*, de enige roman die men zonder schroom naast *Honderd jaar eenzaamheid* of Vargas Llosa's *De oorlog van het einde van de wereld* durft te zetten. Dit heeft enerzijds te maken met de grote kwaliteiten van het boek en anderzijds met een opvallende overeenkomst: het gaat om een verhalende, breed uitgesponnen en epische roman, waarvan enkele fantastische elementen doen denken aan het magisch-realisme. Alles begint zeer klassiek, een beetje Márquez-achtig: 'Het jaar dat Onofre Bouvila in Barcelona aankwam, was de stad in volle vernieuwingskoorts'. Net als bij Márquez treedt al snel vervreemding op door middel van kleine, ironische wendingen.

In het succes van *De stad der wonderen* heeft ook een zekere mediagekte rond Barcelona meegespeeld. In 1992 organiseerde de stad de Olympische Spelen en bereidde zich daarop voor met een grondige facelift. De hele kustlijn werd afgegraven en weer opgespoten. Door de grote werken kreeg Barcelona zelfs tijdelijk de bijnaam *Barcelobras*; *obras* is 'werk in uitvoering'. Tegelijk ontstond een ware toeristische hausse van de stad en van de architectuur van Antoni Gaudí, waaraan onder anderen Robert Hughes heeft bijgedragen met *Het epos van Barcelona*. Veel van deze gekte wordt in Mendoza's roman geanticipeerd. Het verhaal beslaat de tijd tussen de twee Barcelonese wereldtentoonstellingen, in respectievelijk 1888 en 1929. Het is de tijd van het modernisme in de architectuur en de kunsten. Mendoza heeft hieraan trouwens het schitterend geïllustreerde album *Barcelona modernista* gewijd. Ook toen maakte de stad zich op om zich aan de wereld te laten zien. Blijkbaar heeft men er veel voor over om met de wereld te leven en niet met eeuwige rivaal Madrid. De parallellen met 1992 zijn treffend: grootheidswaanzin, speculatiebouw, snelle verrijking (*pelotazo*), opkomst van een groep nieuwe rijken, enzovoorts.

Bovendien speelt Mendoza met de topos van de stad als plaats waar onverenigbaarheden samenkomen. Terwijl in het park van La Ciudadela naarstig gewerkt wordt aan de verheerlijking van de moderne Vooruitgang, vindt men in de bodem archeologische resten die teruggaan tot de Feniciërs. Ook bij de voorbereiding van 1992 deed men – in volle postmoderne extase – dergelijke vondsten. In een stad wordt het anachronisme aanschouwelijk op iedere straathoek, bij iedere bouwwerf. Bovendien is Barcelona misschien wel de surrealistische stad bij uitstek. De rationalistische plannen van de modernistische architecten hebben er alleen maar delirische resultaten opgeleverd. Ildefonso Cerdà tekende het volmaakt geometrische stratenplan van de *ensanche* (stadsuitbreiding), maar in tegenstelling tot Haussmann in Parijs ontzag hij oude buurten. De Barrio Chino, de Barrio Gótico of Poble Sec zijn gespaard gebleven als eilandjes van het verleden midden in een zee van modernistisch geweld. Een kunstenaar als Antoni Gaudí past perfect in dit plaatje. Midden in het stratenplan van Cerdà zette de architect met de Leopold-II-baard zijn eigen Koekelberg neer. Het werd een protserige, anachronistische basiliek, gewijd aan de Heilige Familie. Gaudí haatte de rechte lijn van de progressieve urbanisten en koos consequent voor de hyperbolische paraboloïde, de esthetiek van paardzadels en druipsteengrotten. In *De stad der wonderen* balt hij boos zijn vuisten tegen vliegtuigen die met verticale vleugels stuntvliegen tussen de torens van zijn Heilige Familie. Zo zit ook Mendoza's roman vol onverenigbare feiten: Barcelona is New York en Venetië tegelijk, twee andere steden waar de auteur iets mee heeft.

Hoe surrealistisch de stad echter ook is, ze vraagt nog altijd de verbeelding van een romancier om er literair gestalte aan te geven.

Mendoza is afkerig van een realistische aanpak die erin zou bestaan zich strikt aan de beschikbare documentatie te houden. Wat hij doet, is literaire bewerkingen uitvoeren op het basismateriaal van de geschiedenis. Hij selecteert anekdotes, gebeurtenissen of situaties, voegt er iets aan toe, laat er iets van weg, verandert iets met het oog op de plot. Het resultaat is een Barcelona dat in niets lijkt op de stad die we als toeristen kunnen bezoeken. Hoe kan het ook anders, want de stad van Mendoza bestaat uit letters en de toeristenstad uit gebouwen en bezienswaardigheden. Waar het bij Mendoza om gaat, is het creatieve verdraaien, vervormen, ombouwen van stukken werkelijkheid tot een boek.

De zaak Savolta

In Spanje zelf is Mendoza minder de auteur van *De stad der wonderen* dan van *De zaak Savolta* (1975). Deze roman lag toevallig in de boekhandels een paar weken voor Franco overleed: puur toeval, maar het schijnt wel te hebben meegespeeld bij de beoordeling door publiek en critici. Men heeft *De zaak Savolta* zelfs de eerste postfranquistische roman genoemd, samen met Juan José Millás' *Cerebero son las sombras* (Cerberus zijn de schaduwen, 1975). Blijkbaar werd *De zaak Savolta* door een hele generatie critici ervaren als een cathartische bevrijding van oude vormen. De bevrijding was dus vooral literair, niet politiek. Niet Franco, maar een aftands soort proza werd ten grave gedragen.

Tussen *De zaak Savolta* en *De stad der wonderen* publiceerde Mendoza twee kortere romans, die prompt, op basis van hun lengte alleen, tot zijn mindere werken gerekend werden. Zelf beschouwt Mendoza *Het geheim van de behekste crypte* (1979) en *Het labyrint van de olijven* (1982) als doorgedreven stijloefeningen. Ironisch is dat juist deze twee relatief dunne boekjes in Spanje op de lectuurlijst van het middelbare onderwijs staan en op basis van hun omvang gretig uitgekozen worden.

Of het nu gaat om de binnenlandse kritiek, het buitenlandse publiek of de Spaanse schoolgaande jeugd: Mendoza heeft definitief een plaats verworven bij de klassieke auteurs. Door velen wordt hij beschouwd als de meest 'typische' of paradigmatische

auteur van zijn generatie. Overigens is dat niet onterecht.
Hoogstens kan men zeggen dat hij de aandacht een beetje afleidt
van auteurs die vaak even interessant zijn, zoals zijn generatiege-
noten Luis Mateo Díez en José María Merino (allebei niet vertaald). Het romans die na *De stad der wonderen* verschenen, zijn
echter minder goed onthaald. Misschien heeft dit te maken met
het feit dat Mendoza andere locaties is gaan opzoeken: vooral bij
het grote publiek wordt hij immers nog altijd geassocieerd met zijn
geboortestad Barcelona. Critici vinden *Het ongekende eiland* (1989)
dan weer te traditioneel van opbouw.

Keren we daarom terug naar Mendoza's debuutroman: *De zaak
Savolta*. Het verhaal is gebaseerd op historische feiten uit de periode 1917-1919 in en rond Barcelona. Het zijn woelige tijden, Spanje
staat op de rand van de burgeroorlog en vooral in het sterk geïn-
dustrialiseerde Catalonië is de klassenstrijd in volle gang.
Anarchistenopstanden worden gevolgd door lockouts van de
werkgevers, vakbondsstakingen, terroristische aanslagen. Ook in
de rest van Europa is het onrustig zo kort na de Grote Oorlog:
hongerstakingen van Sinn-Fein in Ierland, stakingsgolven in
Frankrijk en Polen. Het is het moment waarop de zeventienjarige
Salvador Dalí, nog lang geen genie, maar wel al een gedreven
debuterend schilder, in zijn dagboek de krantenkoppen over-
neemt. Dalí woonde in Figueres, op 130 kilometer van Barcelona.
Uit die jaren dateert ook *Het grijze schrift* van Josep Pla.

Mendoza heeft bij het componeren van zijn roman gebruik
gemaakt van tijdsdocumenten. Vooraan in het boek vermeldt hij
vijf boeken waaruit hij fragmenten heeft overgenomen, zij het
'aangepast zoals het hoort' (*convenientemente adaptados*), een ironische formulering waarmee hij gewoon bedoelt dat hij de geschiedenis volledig naar zijn hand heeft gezet. Toch is ondanks alle
documentatie *De zaak Savolta* geen historische roman in de strikte zin van het woord. In een interview met het literaire blad *Leer*
gaat Mendoza zelfs fors te keer tegen de mode van het 'kostuumdrama'. Hij is naar zijn zeggen van plan om op eigen houtje een
literaire stroming uit te vinden, 'in de hoop dat ze werkelijkheid
wordt', namelijk: 'de ondergang van de historische roman'. 'Het

zou mooi zijn als de pedicure van Filips de Tweede, de doofstomme zoon van de hertog van Osuna en de gebaarde maîtresse van Góngora eindelijk eens zouden ophouden ons hun memoires voor te schotelen, en – nog mooier – hun reflecties over macht, ambitie en de menselijke natuur'.

Mendoza ergert zich aan de clichés van een genre dat in de negentiende eeuw ontstond als onderdeel van de romantiek (de eerste historische romans zijn van Sir Walter Scott, de allereerste is *Waverley*, uit 1814) en al snel de weg opging van de *Trivialliteratur*, dit wil zeggen: gemakkelijke literatuur of 'lectuur', geschreven volgens een beproefd recept, vol gemeenplaatsen. Historische romans zijn verhalen over lang vervlogen tijden: hoe verder weg, hoe beter, liefst de Middeleeuwen of – in het Spaanse geval – de Gouden Eeuw van Cervantes en Molina. De romancier reconstrueert een episode uit het verleden aan de hand van pittoreske details, anekdotes, feitelijke informatie. De plot daarentegen is volkomen fictief en vaak sentimenteel van aard. De gebeurtenissen worden doorgaans lineair gepresenteerd, als een spannend verhaal met een goed begin en einde. De belangrijkste literaire conventie is de geloofwaardigheid (*verosimilitud*) van de opgeroepen wereld: de lezer moet het gevoel hebben rechtstreeks bij de geschiedenis betrokken te zijn.

Ook *De zaak Savolta* heeft veel weg van een historische roman, al was het maar omdat het over het verleden gaat en er een geloofwaardig verhaal afgeleverd wordt. De plot mag dan bizar in elkaar zitten, ook dat is een constante in de historische roman, waar de toevallige samenloop van omstandigheden of 'coïncidentie' heel belangrijk is. Helemaal over een vervlogen tijd gaat *De zaak Savolta* niet: 1917 is namelijk een sleuteljaar geweest, zowel voor de Spaanse, als voor de Europese geschiedenis. Mendoza heeft echter niet de bedoeling om de *memoria histórica* van zijn lezers aan te spreken of een welbepaalde visie op het verleden te promoten. De geschiedenis is louter springplank voor een kleurrijk en spannend verhaal.

Een historische roman dus, maar wel een gesofisticeerde. Zo stapt Mendoza af van de lineaire verhaalopbouw. De gebeurtenissen volgen elkaar snel op, maar niet in chronologische orde. De auteur werkt met verschillende verhaallijnen rond een paar personages en locaties: de villa van de familie Savolta, het advocatenkantoor van Cortaybanes, een kroeg in de Barrio Chino, het verhoor van Javier Miranda voor de rechter van New York. Mendoza heeft deze verhaallijnen in stukken gehakt en daarna door elkaar gehusseld. Hij doet dat op een zeer handige manier, met voldoende kruisverwijzingen en herhalingen, zodat de lezer nooit verloren raakt. Men kan ook niet zeggen dat er een hoofdverhaal is en een aantal nevenverhalen: alle verhaallijnen zijn in principe evenwaardig. In die zin is *De zaak Savolta* een perspectivistische roman: in plaats van één waarheid naar voren te halen, laat Mendoza zien hoe ieder personage zijn eigen (veelal beperkte) visie op het gebeuren heeft. De Spaanse titel *La verdad sobre el caso Savolta* is dan ook ironisch: *la verdad* bestaat niet. Overigens is dit ook het drama van alle personages in de roman: doordat ze maar een deel van het geheel kunnen overzien, maken ze voortdurend fatale vergissingen. Hun kortzichtigheid brengt hen ten val. In dit opzicht doet *De zaak Savolta* denken aan W.F. Hermans' *De donkere kamer van Damocles.*

In deel twee van de roman wordt het perspectivisme afgezwakt: alles wordt er namelijk door een enkel personage verteld. Javier Miranda is echter geen alwetende verteller, waardoor de lezer toch nog voortdurend voor verrassingen komt te staan en in het ongewisse blijft over de ware toedracht van de zaak Savolta. De lezer moet puzzelen, stukjes samenleggen, en net als hij denkt iets gevonden te hebben, komt er weer een nieuw element op tafel dat het verhaal een onverwachte wending geeft. *De zaak Savolta* is dan ook, behalve een eigenzinnige historische roman, een knap geconstrueerde thriller. Het leesplezier bestaat uit het reconstrueren van een fictieve plot, in het interactief zoeken naar een waarheid die in het belang van de suspense steeds uitgesteld wordt.

Natuurlijk is Mendoza niet de eerste schrijver van een historische thriller. Zijn literaire wortels reiken tot in de negentiende eeuw, tot bij auteurs als Benito Pérez Galdós en de Portugees Eça de Queiroz. Niet alleen het kader van de historische roman, ook de perspectivistische benadering is in aanleg al bij deze schrijvers terug te vinden. Een contemporaine bron van het perspectivisme is de Latijns-Amerikaanse roman van auteurs als Vargas Llosa (*Gesprek in De Kathedraal*) en Carlos Fuentes (*De dood van Artemio Cruz*), die zelf de mosterd bij William Faulkner gehaald hebben. Mendoza mag zich dan beroepen op een lange literaire traditie, in eigen land werd *De zaak Savolta* toch als een baanbrekend werk ervaren. Misschien was men het beu om traditionele historische romannetjes te lezen waarin nog maar eens El Cid, Isabella de Katholieke, Columbus, Cortés en Filips de Tweede ten tonele werden gevoerd, meestal op verheerlijkende toon overigens. Voor critici was *De zaak Savolta* dan weer een goede aanleiding om af te rekenen met twee spoken uit de recente literatuurgeschiedenis (waar die critici meestal zelf part en deel aan hadden): de realistische roman uit de jaren vijftig en zestig en de formalistische roman uit het begin van de jaren zeventig. Tegenover de objectieve, vaak miserabilistische beschrijving van een rauwe werkelijkheid, stelt Mendoza de vreugden van de *invención*, de verbeelding, het literaire spel, het leesplezier. De postjoyciaanse artefacten, gekenmerkt door vergezochte, zwaarwichtige en steriele experimenten met syntaxis, interpunctie en grammatica verwerpt hij ten voordele van een spannend verhaal waar vaart in zit, suspense en humor.

Esperpento

In zekere zin is *De zaak Savolta* typisch het boek van een debutant, hoezeer Mendoza ook meteen zijn meesterschap bewijst. Karakteristiek voor een debuut is dat de auteur de wereld wil bewijzen dat hij wel degelijk kan schrijven. Hij trekt daarom alle registers open, vaak met noodlottige gevolgen. Ook Mendoza chargeert nogal in *De zaak Savolta*: het is alsof hij alle technieken wil uitproberen. *De stad der wonderen* is bijvoorbeeld veel klassieker van schrijfstijl en opbouw. In de twee tussenliggende romans, *Het geheim van de behekste crypte* en *Het labyrint van de olijven*, blaast Mendoza het realistische pact helemaal op. Het verhaal hoeft niet meer geloofwaardig te zijn, integendeel: het is een en al groteske, karikatuur, kolder, vertoon, commedia dell'arte.

Zo is de ingenieuze plot van *De zaak Savolta* in deze verhalen
herleid tot een aaneenschakeling van absurde situaties. Het hoofdpersonage is de geestelijk gehandicapte Nemesio Cabra Gómez –
cabra betekent 'geit'. Cabra is zo stom dat hij niet eens zijn eigen
naam kent. Daarom wordt hij door de Spaanse politie ingezet bij
een paar gevaarlijke speuracties. Als het verkeerd afloopt, kan
Cabra zonder problemen neergeschoten worden. En natuurlijk
loopt het verkeerd. Cabra begaat een blunder en in zijn poging om
de situatie recht te zetten, maakt hij alles alleen nog erger. Telkens
opnieuw ontsnapt hij ternauwernood aan de dood. Hij moet zich
daarbij voortdurend verkleden: als eenarmige ober, als Chinees
met eigeel op het gezicht, als vrouw met ballonnen in plaats van
borsten, in zijn onderbroek, naakt onder een regenjas. De plot is
pure slapstick.

Even ongeloofwaardig is het taalgebruik. In *Het geval Savolta*
integreerde Mendoza al verschillende registers waaronder journalistieke, gesproken en 'verheven' stijl. Bovendien is Mendoza van
beroep vertaler en heeft hij jarenlang in New York gewoond, wat
aan zijn taal te merken is. Zo experimenteert hij graag met Engelse
constructies, idiomatische uitdrukkingen en hybridische taalvormen, naar analogie met het *Spanglish*, de vermenging van Spaans
en Engels. Daarbij komt nog dat Mendoza als tweetalige Catalaan
anders tegenover het Spaans staat dan zijn collega's uit Madrid of
Valladolid. Het wordt Catalaanse schrijvers vaak kwalijk genomen
dat zij een taal schrijven die 'ruikt naar María Moliner'. De
Moliner is het bekendste woordenboek van het Spaans, een monu-
ment voor alle hispanisten. Wie fraai wil schrijven en op zoek is
naar mooie uitdrukkingen, kan niet om de *Moliner* heen.
Castiliaanse chauvinisten, die vinden dat zij van nature het goede
Spaans spreken, zouden aan dit woordenboek geen nood hebben,
maar de Catalaan Mendoza schaamt er zich niet voor; wel integendeel: de *Moliner* is voor hem een onuitputtelijke bron van taal-
plezier.

In *Het labyrint van de olijven* en *Het geheim van de behekste crypte* past de auteur de techniek toe van de idiote verteller. Als Cabra
na zijn dolle avonturen opnieuw in de psychiatrische instelling

belandt, vertelt hij wat hem overkomen is. Hij probeert daarbij zo fraai mogelijk te spreken, maar dat gaat hem niet goed af.

Voortdurend slaat hij de bal mis: wat voor een literaire stijl moet doorgaan, is alleen maar geaffecteerd, houterig, archaïsch en zit vol oneigenlijke beeldspraak en misplaatste boekentaal. Cabra's taal is nog het best te vergelijken met de geforceerde stijl van een schoolopstel. De 'zon' wordt steevast de 'dagster', 'slapen' heet hier 'in de armen van Morfeus liggen'. Nooit keert de verteller terug of gaat hij naar beneden, altijd 'aanvaardt hij de terugtocht' en 'begint hij de afdaling'. 'Zou het dan niet kunnen dat...' wordt bij Cabra: 'Zou het dan niet tot het veld der mogelijkheden behoren dat...'

Dit gezwollen taaltje, in het Spaans *verborrea* of 'woorddiarree' genoemd, wordt afgewisseld met de meest grove schuttingtaal. Het contrast tussen de absolute ernst van de verteller en de belachelijke situaties waarin hij terechtkomt, geeft een absurdistisch effect. Mendoza lost op deze manier ook het technische probleem van de dialogen op. Doordat het Spaans een tamelijk groot verschil kent tussen de gesproken en de geschreven taal, valt het niet mee om geloofwaardige dialogen te construeren. Een auteur als Julio Cortázar heeft heel hard gewerkt om het effect van de spreektaal te laten overkomen in een literaire tekst; in de praktijk betekent dit dat Cortázars personages een soort Argentijns spreken. García Márquez van zijn kant lost het probleem op door weinig de directe rede te gebruiken. Mendoza bekommert zich niet om geloofwaardigheid: hij mengt, verbastert, vindt nieuwe woorden uit.

Dit alles staat in de traditie van de *esperpento*. De term *esperpento* betekent oorspronkelijk 'persoon of ding dat opvalt door lelijkheid, onverzorgdheid, onhandigheid', maar werd voor het eerst op de literatuur toegepast door Ramón del Valle-Inclán (1866-1936). Deze buitenissige modernist verzette zich tegen het realisme en het naturalisme dat in zijn tijd de mode was. In tegenstelling tot de zogenaamde *littérature du vrai* (of *verismo*) legde Valle-Inclán de nadruk op een bijzondere taalbehandeling. Conform zijn poëtische programma streefde Valle-Inclán naar een revolutie van het literaire Spaans. Woorden die elkaar nog nooit ontmoet hadden, moesten met elkaar in contact gebracht worden.

62

THEMA'S EN ŒUVRES

In concreto betekende dit dat de grenzen tussen verschillende taal-varianten geslecht werden: *castellano castizo* werd afgewisseld met Bargoens, dialecten uit Spanje met amerikanismen. Valle-Incláns beroemdste boek *Banderas de tiran* (1926), een in Latijns-Amerika gesitueerde dictator- of *caudillo*-roman, wemelt van amerikanismen uit het hele continent, wat het verhaal een bizar, barok karakter geeft.

Het woord *esperpento* verwijst naar vervorming. Tegenover het klassieke schoonheidsideaal, tot uitdrukking gebracht in een geschoonde taal, staat Valle-Incláns esthetica van het lelijke en het mismaakte. De *esperpentistas* houden de wereld een spiegel voor, maar het gaat om een vervormende spiegel zoals op de kermis. Kunst is een gruwelijke, expressionistische vertekening van een door lelijkheid geteisterd leven. In de schilderkunst kan naar El Greco verwezen worden, die zijn gemartelde Christussen onnatuurlijk uitrekt, maar meer nog naar de monsterlijke *caprichos* (letterlijk 'grillen') en *disparates* ('onzin') van Goya. Valle-Inclán noemt overigens Goya als zijn model. Binnen de literatuur is Francisco Quevedo (1580-1645) een vaste referentie van de *esperpentistas*. Ook op de verwantschap met de Belgische theaterauteur Michel de Ghelderode is herhaaldelijk gewezen, ook door Valle-Inclán zelf.

Voor de hedendaagse literatuur kan gerefereerd worden aan Cela (*De windmolen*) en Mendoza, maar tevens aan de 'subnormale literatuur' die in het volgende hoofdstukje ter sprake komt. Eén naam zij hier nog vermeld: Javier Tomeo (°1932). Met grote regelmaat publiceert hij korte, vlot leesbare romans met absurdistische inslag. Dat heeft hem, niet helemaal terecht overigens, de bijnaam 'Kafka van Aragon' opgeleverd. In de jaren tachtig verschenen twee vertalingen van zijn werk. *De markies schrijft een opmerkelijke brief* (1979) bestaat uit de toespraak van een markies tot zijn huisknecht over een brief die deze aan de graaf moet bezorgen. Wat begint als een zakelijke briefing, slaat al snel om in wartaal. Grammaticaal klopt de tekst van de markies nog wel, maar logisch raakt ze kant noch wal. Zo wordt de huisknecht geïnstrueerd om kikkers mee te nemen, want de graaf houdt nu eenmaal van alles

wat groen is en die bij uitstek groene diertjes zullen hem ongetwijfeld tevreden stemmen. Het universum dat opgeroepen wordt
in *De markies schrijft een opmerkelijke brief* is betoverd en daardoor
angstaanjagend. *Geliefd monster* (1985) is minder sprookjesachtig,
maar ook hier is het uitgangspunt een doordeweekse gesprekssitu-
atie die omslaat in kolder. Een man biedt zich aan voor de functie
van nachtwaker in een grote bank. Het sollicitatiegesprek neemt
echter een vreemde wending en eindigt in een lange, wederzijdse
biecht, waarbij sollicitant en personeelschef op den duur zelfs hun
moeders kookrecepten uitwisselen.

Javier Tomeo heeft van de groteske humor zijn handelsmerk
gemaakt. Hij heeft daarbij nogal eens de neiging om de symboliek
breed uit te smeren. Zo voert hij in de nog onvertaalde roman *El
gallitigre* (1990) een dier ten tonele dat een mengeling is van een
gallo en een *tigre*: de zogenaamde 'tijgerhaan'. Dit merkwaardige
monster staat symbool voor de verzoening van tegengestelden en
voor de utopie van de ultieme verbroedering tussen de mensen.
Dit literaire procédé doet eigenlijk meer denken aan de vervormende parabels van Italo Calvino dan aan het werk van Kafka.
(Calvino in *The Literature Machine*: 'Datgene waarnaar ik op zoek
ben bij de komische of ironische of groteske of absurde transfor-
matie van de dingen is een manier om te ontsnappen aan de beperkingen en de eenzijdigheid van elke voorstelling en elk oordeel').

Het derde werk van Tomeo dat in het Nederlands voorhanden
is, *Misdaad in cinema Oriente* (1995), is dan weer veel realistischer
van inslag, veel meer gericht op directe herkenbaarheid en minder
esperpento, al blijkt ook daar Tomeo's fascinatie voor het monsterlijke en de afwijking.

Voor Valle-Inclán was de *esperpento* een typisch Spaans verschijnsel, omdat in zijn visie Spanje historisch gezien een groteske
misvorming van de Europese beschaving is. Op een bepaald
moment in de geschiedenis is het met Spanje misgegaan en daarna is het nooit meer goed gekomen. Valle-Incláns visie kadert in
een algemeen pessimisme over het lot van Spanje dat in de jaren
na 1898 opgang maakte bij vele intellectuelen. Inmiddels is die
vaak hoogdravende Spanje-discussie begraven, tenzij die met de

herdenking van '1898' in 1998 weer oplaait. Dankzij Valle-Inclán heeft de term *esperpento* bestaansrecht verworven in de Spaanse taal. Nog dagelijks kan men in de kranten lezen dat een of andere gebeurtenis *esperpéntico* is: zo onwaarschijnlijk dat men er een boek over zou kunnen schrijven. Esperpentisch is bijvoorbeeld de manier waarop kolonel Tejero in 1981 een staatsgreep probeerde te plegen. Hij slaagde erin een tijdlang de Cortes (het Spaanse parlement) onder schot te houden, maar de coup bleek zo slecht georganiseerd en verliep zo chaotisch, dat alles al snel op een enorme sisser uitliep: pure *esperpento*! Soms overtreft de werkelijkheid de literatuur.

2. Idioten aan het woord

In de jaren zestig publiceerde de toen nog communistische auteur Manuel Vázquez Montalbán zijn *Escritos subnormales*. *Subnormal* is gewoon Spaans en betekent 'achterlijk'. Iemand is subnormaal wanneer zijn lichaam zich sneller ontwikkelt dan zijn verstand. In zijn gelijknamige geschriften hangt Montalbán de stelling aan van de veralgemeende en onomkeerbare subnormaliteit. In de tweede helft van de twintigste eeuw zijn wij er met zijn allen een stuk dommer en afgestompter op geworden. De schuld voor deze algemene achterlijkheid ligt bij de massamedia, die op ongeziene schaal reclameboodschappen en televisieprogramma's op het niveau van twaalfjarigen de wereld insturen.

De inspiratie van Montalbáns analyse van de cultuurindustrie is terug te vinden bij de denkers van het Westers Marxisme en de Kritische Theorie: vooral Theodor Adorno en Max Horkheimer met hun *Dialectiek van de Verlichting* en Herbert Marcuses *Eendimensionale mens*. Door deze invloeden doen de *Escritos subnormales* heden ten dage misschien wat gedateerd aan, maar in historisch perspectief blijft het een belangrijk boek: Montalbán verbindt de stelling van de collectieve stompzinnigheid namelijk ook met de specifieke toestand van mentale onderontwikkeling onder het franquisme. Interessant is bovendien de manier waarop het gedachtegoed van de Kritische School aan een literaire praktijk gekoppeld wordt. Het verband tussen subnormaliteit en literatuur is als volgt: omdat het publiek door de massale aanval op zijn hersenen onomkeerbaar dommer geworden is, moet de schrijver daarmee rekening houden als hij nog begrepen wil worden. Hij moet dus 'publicitair proza' schrijven: *literatura light* die er gemakkelijk in- maar even gemakkelijk weer uit gaat, industriële pulp, consumptielectuur. In de *Escritos subnormales* wordt dit publicitaire proza met verve beoefend, zij het met een parodistische intentie waar niemand naast kan kijken. Montalbán loopt gewild of ongewild ook vooruit op zijn eigen latere werk: zijn populaire detectivereeks *Pepe Carvalho* is, in tegenstelling tot de grote romans, bestemd voor snelle consumptie door een zo groot mogelijk publiek. De subnormale schrijver is ook een cynicus.

In wat volgt, gebruik ik de term 'subnormale literatuur' voor alle werken waarin de verteller achterlijk is of waarin de auteur zich identificeert met de underdog. Bij nader toezien wemelt het in de recente Spaanse literatuur van de idioten, gekken en dwazen. Men kan hieraan toevoegen: kinderen, pubers, monsters, mismaakten, gekneusden, verliezers en slachtoffers. In het meest pregnante geval nemen deze subnormalen zelf het woord (zoals bij Azúa, Millás of Montalbán), in andere gevallen blijkt de fascinatie voor de underdog uit de beschrijving van de onderkant van de maatschappij, de marginaliteit, de nachtzijde van het bestaan.

Naast de 'onbegrepen man' van Landero, de 'idioot' en de 'vernederde man' van Azúa, de 'onzichtbare bastaard' van Millás noteer ik nog de 'sentimentele man' van Javier Marías en het 'geliefde monster' van Javier Tomeo. Eduardo Mendoza voert met Nemesio Cabra Gómez een mismaakte schurk ten tonele. Camilo José Cela heeft het in zijn laatste, nog niet vertaalde roman *El asesinato del perdedor* (1994) over de moord op een verliezer: zijn hele oeuvre zit overigens vol mislukkelingen en aan lager wal geraakten. Het werk van Rosa Montero wordt bevolkt door eenzame, geknakte personages; alle personages van Adelaida García Morales lijden aan een of ander gemis, net als die van Alvaro Pombo, van wie het hele oeuvre in het teken staat van het menselijke tekort. In *De held van de mansardes van Mansard* (1983) wordt het verhaal beheerst door het wezen Kus-Kús, waarvan niet duidelijk is of het een gnoom is of gewoon een achterlijk kind ('een stokoud kind in de kamer van een volwassene, geschrompeld en schimmig, zijn onschuld kwijt'). *Lichte vergrijpen* (1986) van dezelfde romancier is het treurige verhaal van twee verliezers: een gefrustreerde ex-schrijver die niets meer van het leven verwacht en een werkloze jongere die de hoop op werk al opgegeven heeft en op de kosten van zijn vriendin leeft. Over twee verliezers gaat ook *Misdaad in cinema Oriente* van Javier Tomeo: een verlopen prostituee en een plaatsaanwijzer in een smoezelige buurtbioscoop. Zowel bij Pombo als bij Tomeo loopt het slecht af. En dan is er ook de traditie van de *novela negra*: de beschrijving van een criminele wereld waarin zelfs de detective door de misdaad meegezogen wordt.

In de hedendaagse roman wordt in alle toonaarden de achterlijkheid bezongen. Dat is in Spanje een stevige traditie, die teruggaat op de schelmenromans zoals *Lazarillo de Tormes*. De *pícaro* is de kleine bedrieger, de sjoemelaar, de kruimeldief of *chorizo*. Hij dient geen verheven doel, werpt zich niet zoals Robin Hood op als verdediger van armen en verdrukten, maar zorgt alleen voor zichzelf. Het verzet van de *pícaro* tegen de gevestigde orde is anarchistisch en individualistisch, gericht op overleven. Hij bedriegt om niet bedrogen te worden. De identificatie met de underdog beweegt zich echter ook buiten de picareske traditie om en bereikt in de jaren negentig een triest hoogtepunt met de romans van de *generación X*.

Félix de Azúa (°1944)

Van alle subnormale auteurs is de Catalaan Félix de Azúa ongetwijfeld de meest programmatische. De titel van zijn vermakelijke novelle zegt al genoeg: *Geschiedenis van een idioot door hemzelf verteld* (1986). Hier is een zelfverklaarde idioot aan het woord. De memoires van deze domoor zijn opgedragen aan Bouvard en Pécuchet, het subnormale klerkenpaar van Flaubert. Ook Azúa's verhaal is opgebouwd volgens het stramien van een omgekeerd leerproces, als een afleerproces dus. Flauberts wereldverbeteraars werkten zich in op verschillende domeinen van de wetenschap en de technologie, met de bedoeling de Vooruitgang te bewerkstelligen en de mens beter te maken. Telkens opnieuw volgt de onvermijdelijke ontgoocheling: alles mislukt en bovendien maken B en P door hun optreden de zaken alleen maar erger dan ze waren. Pure wilskracht en dadendrang dienen tot niets. Een optimist komt altijd bedrogen uit, zoals ook Voltaires Candide tot zijn scha en schande moest ondervinden. De idioot van Azúa weet beter. Al op prille leeftijd is hij tot de conclusie gekomen dat alle vormen van optimisme in dit leven genadeloos afgestraft worden. Desondanks is de twintigste eeuw bezeten van het optimisme in de vorm van het geluksidee. Van de wieg tot het graf, van autostoeltje tot asbestemming worden we als het ware gedwongen gelukkig te zijn. Er is sprake van een samenzwering van geluksmakers: moeders, kinderverzorgsters, onderwijzers, leraren, sergeanten in het leger, minnaressen, echtgenotes; allen worden zij bijgestaan door een heuse geluksindustrie. Men kan verschillende vormen van geluk onderscheiden: het opvoedkundige, familiale, seksuele, amoureuze, militaire, professionele, filosofische en literaire geluk. Het zijn evenzoveel vormen van kitsch, simulaties van zin en betekenis die dienen om het afgrondelijke ongeluk van de menselijke conditie niet onder ogen te hoeven zien.

Het ik-personage van Azúa merkt dat hij karakterieel niet tegen zoveel geluk bestand is. Daarom besluit hij op zijn vijfde al om als een ongelukkige door het leven te gaan. Voor de buitenwereld houdt hij dat verborgen, want niemand zou het begrijpen. Men zou hem maar een idioot noemen. Daarom wordt hij een professionele geluksveinzer. Tegelijkertijd begint hij aan een privé-onderzoek naar 'de inhoud van het geluk', hoewel hij vooraf de resultaten al kent: het mislukt altijd, het moét wel mislukken.

Azúa's personage is een stuk geslepener dan de naïeve Bouvard en Pécuchet. De klerken willen steeds meer weten, maar blijven altijd even dom; de azuaanse idioot leeft vanaf het begin in het besef van een 'wijze onwetendheid', een *docta ignorantia* zoals de filosofen zouden zeggen. Deze levenshouding staat dicht bij de socratische methode van het voorwenden van onwetendheid.

Vanuit een socratisch standpunt zien we in de roman van Azúa de wereld aan ons oog voorbijtrekken: de school (een afbraakcentrum), de universiteit ('De Spaanse Universiteit kon door het simpele feit dat zij Spaans was moeilijk een Universiteit zijn, laten we daarom zeggen dat ik toetrad tot de Spaanse Weetikveel, sectie Wis- en Natuurkunde'), het franquisme (de meest stompzinnige van alle ideologieën: het nationaal-katholicisme), de seksuele revolutie, het politieke activisme van de jaren zestig (Che-posters in alle studentenkamers), de ijdelheid van literatoren (die schrijven over het feit dat ze schrijven dat ze schrijven, etcetera). *Geschiedenis van een idioot door hemzelf verteld* is een beknopte *sottisier*: een repertorium van de menselijke dwaasheden aan het eind van de twintigste eeuw in Spanje.

Azúa heeft ook een aantal cultuurfilosofische essays gebundeld onder de welluidende titel *El aprendizaje de la decepción* (Het aanleren van de ontgoocheling, 1989). Vertaald is ook het *Dagboek van een vernederd man* (1987), een complexe en omvangrijke roman die wederom het *desencantamiento*-principe huldigt. Opnieuw besluit de verteller een existentieel experiment uit te voeren. Hij wil van de aardbodem verdwijnen. Of liever: hij wil een 'waarlijk banaal mens' worden, zo onopvallend dat hij bijna onzichtbaar wordt, een dode tijdens zijn leven. De dag dat zijn ouders bij een auto-ongeluk om het leven komen en hij een bescheiden erfenis toegewezen krijgt, treedt zijn plan in werking. Om een man zonder eigenschappen te worden, moet men over cash beschikken en wees zijn; dat is filosofisch gezien het best mogelijke uitgangspunt. Ook de *pícaro* was traditioneel een weesjongen of iemand die alleen op de wereld stond. In het geval van Azúa's personage valt de dood van de ouders samen met de dood van Franco, Vader van het vaderland. Een heel land werd in een klap wees. 'Zodra de festiviteiten afgelopen waren, besloot ik mij van mijzelf te verbannen en aan de zoektocht te beginnen. Het is iets wat heel veel voorkomt bij wezen, wanneer zij beseffen dat het van nu af aan onvermijdelijk is voorop te gaan lopen. Een gevoel van op je tenen te lopen. In diezelfde tijd vlogen mijn ouders de lucht in'.

Wat is ervoor nodig om waarlijk banaal te zijn? Je moet een wees zijn. En je moet het wíllen. Deze wilsbeslissing is de eerste en tegelijk de laatste: de werkelijk banale mens handelt immers niet op basis van zijn wil, maar op basis van de volmaakte onverschilligheid. Hij denkt niet na, kent geen twijfel, neemt geen beslissingen. Hij leest niet, doet geen kennis op, streeft geen macht na. Een van de valstrikken voor de banale mens is dat hij wil worden als Diogenes, de man die in een ton leefde en alleen zwarte olijven en geitenkaas at. Diogenes is echter nog te veel een held van het gedrag en een man van de uiterlijkheid. Nog te veel lijkt hij op een acteur die leeft bij gratie van het publiek. Waarom zou je met een lantaarn op het markplein rondlopen op zoek naar een mens? Waarom zou je Alexander de Grote pathetisch de waarheid zeggen? De banale mens verdwijnt in een gemeubileerd appartement in de grote stad en maakt zich onzichtbaar.

Een andere verleiding voor de banale mens is dat hij zichzelf gaat zien als een mislukkeling: het cliché van de *fracaso* waar de Spaanse geschiedenis een patent op lijkt te hebben. Het verschil is echter dat de mislukkeling vaak een heldhaftige strijd achter de rug heeft, terwijl de waarlijk banale mens altijd het gevecht uit de weg is gegaan. Hij is niet eens in staat om vijanden te maken.

Luis Landero (°1948)

De *Geschiedenis van een onbegrepen man* (1989) van Luis Landero is, ondanks de gelijksoortige titel, veel minder programmatisch en heldhaftig en daarentegen veel komischer en menselijker. Toch werkt ook Landero met een *desencantamiento*-structuur. Aan het begin van de roman staat de illusie, aan het eind de desillusie. In het Spaans bestaat de veelgebruikte term *desengaño*. *Engaño* betekent 'illusie', *desengaño* 'desillusie'. Literair-historisch wordt de term steevast geassocieerd met het barokke theater van Tirso de Molina en Pedro Calderón de la Barca (*Het leven een droom*), die elk op hun manier een pessimistische, moralistische, sterk door de Contra-Reformatie getekende visie uitdragen. Ook de cynische moralist Baltasar Gracián, van wie in het Nederlands het *Handorakel of kunst van de voorzichtigheid* regelmatig herdrukt wordt, staat bekend als een meester van de *desengaño*. Om deze historische connotaties te vermijden, kies ik in wat volgt voor het neutralere en modernere *desencanto*, dat echter ongeveer hetzelfde betekent: *desencanto* is het einde van de *encanto*, de ont-tovering van het bestaan.

De geschiedenis van een onbegrepen man van Luis Landero is een roman over twee heren op leeftijd die zich ineens de gekste dingen in het hoofd halen en zich ontpoppen als twintigste-eeuwse schelmen. In de Nederlandse vertaling klinkt de titel gewichtiger dan in het Spaans: eigenlijk staat er *Juegos de la edad tardía*, spelletjes op gevorderde leeftijd. Gregorio Olías is bedien-de bij een import- en exportbedrijf. Op een ochtend krijgt hij een telefoontje van een handelsvertegenwoordiger uit de provincie, een zekere Gil, die in Olías abusievelijk een beroemd dichter meent te herkennen. Natuurlijk gaat het om een verwisseling van personen, maar Gil klinkt zo enthousiast dat Olías hem niet onmiddellijk tegenspreekt. Dat is echter zeer onverstandig van Olías, want van het een komt het ander en op den duur is er geen weg terug. Voor hij het goed en wel in de gaten heeft, is de kleine bediende Gregorio Olías de grote dichter Augusto Faroni geworden, schrijver van een indrukwekkend, maar helaas in de vergetelheid geraakt oeuvre. Het beeld dat de idioot Gil van hem heeft, zal zijn verdere leven bepalen. Olías begint voor letter-kundige te spelen, bezoekt het Café der Essayisten, componeert in allerijl een dozijn gedichten en maakt ten behoeve van Gil een met tekstfragmenten geïllustreerd overzicht van zijn verzamelde werk.

Gil van zijn kant zit ook niet stil. Hij richt een heuse Vriendenkring Faroni op en treft voorbereidingen voor een wetenschappelijk colloquium. Als de nood het hoogst is, slaat Olías op de vlucht, achternagezeten door zijn bewonderaar Gil. Na een kolderieke tocht door Spanje is een ontmoeting onver-mijdelijk geworden. En dan verzint Olías een laatste truc: hij ver-telt Gil dat Faroni door de politie doodgeschoten is en in het geheim begraven. Zelf stelt hij zich voor als de biograaf van de meester. Zo wordt Olías op het eind van de roman weer min of meer zichzelf: de biograaf van een (fictieve) dichter, niet die dichter zelf.

De geschiedenis van een onbegrepen man is een vrolijke ontmaskering van het literaire leven, dat gebaseerd is op bedrog, misverstand en ijdelheid. Het personage Olías doet soms denken aan de kleine Sartre uit *Les mots*: die deed eerst ook maar *alsof* hij schreef, maar omdat mama en opa zo hard applaudisseerden begon hij zijn schrijverij au serieux te nemen. Wat begint als vertoning, wordt een gewoonte en eindigt als verslaving. Een schrijver wordt zijn eigen personage. Een andere variant is het jongetje Jaromil uit Milan Kundera's *Het leven is elders*, dat dichter wordt om de droom van – opnieuw – zijn mama waar te maken. Moeder is zo trots op haar kind dat ze zijn zelfgemaakte rijmpjes op glanzend papier overschrijft en in de beste kamer tentoonstelt. Natuurlijk wordt Jaromil later een poëet en loopt het slecht met hem af onder het communisme.

Als Olías en Gil elkaar ten langen leste ontmoeten, besluiten ze zich terug te trekken uit de wereldse komedie en boer te worden. Ze zullen veel boeken meenemen, de waarschuwing van Prediker in de wind slaand dat veel studeren een mens maar uitput en dat het een werk zonder eind is. Eigenlijk eindigen de antihelden Olías en Gil op het punt waar Bouvard en Pécuchet begonnen waren: bij de illusie dat je je leven kunt beteren door hard te studeren. Ook Olías en Gil lijken gedoemd te mislukken. Alleen de lezer heeft iets geleerd.

Juan José Millás (°1946)

In 1995 verschijnt de nog niet vertaalde roman van Juan José Millás met de provocerende titel: *Tonto, muerto, bastardo e invisible* (Dwaas, dood, bastaard en onzichtbaar). Niet alleen qua titel, maar ook qua inhoud lijkt het boek sterk op de twee romans van Azúa die hierboven genoemd werden. Het vertelperspectief is ook hier dat van een man die zonder eigenschappen wil zijn, behalve dan negatieve eigenschappen. Jesús was kaderlid in een staatsbedrijf dat onder meer toiletpapier produceert. Wanneer een doorlichtingsbureau een negatief rapport opstelt over de werking van zijn dienst, wordt hij van de ene op de andere dag ontslagen. Op dat moment valt het masker af dat hij jarenlang gedragen heeft. Hij komt tot de verbijsterende ontdekking dat hij altijd al *tonto* of *subnormal* geweest is, dit wil zeggen: dommer, achterlijker dan zijn gemiddelde medemens. Hij heeft dat gebrek altijd gecompenseerd door zijn best te doen, hard te studeren, de rol van een voorbeeldige ambtenaar te spelen en vooral: door te acteren en anderen te imiteren. Niet opvallen, vooral niet opvallen. Deze simulatietechnieken zal Jesús goed kunnen gebruiken als werkloze. Hij ontwikkelt voor eigen behoefte een mooie vorm van paranoia (vaag refererend aan Salvador Dalí's kritisch-paranoïde methode), een waanwereld waarin hij zich thuis kan voelen. Voor zichzelf staat onomstotelijk vast dat hij dwaas, overleden, bastaardkind en zelfs onzichtbaar is; voor de buitenwereld houdt hij dat echter allemaal verborgen.

Overigens komt Jesús tot de ontdekking dat al die anderen ook subnormaal zijn: de wereld is een verzameling dwazen die voor elkaar de schijn ophouden. Millás noemt dit in zijn roman ironisch de 'sociaal-democratische' levenswijze zonder dat hij daarbij direct de PSOE-partij van Felipe González viseert. 'Sociaal-democratisch' is zoveel als 'consequent en overtuigd subnormaal': de universele achterlijkheid die zich vermomt als voorlijkheid, mediocriteit die zich voordoet als slimheid.

Pedro Almodóvar (°1951)

Pedro Almodóvar is natuurlijk bekender als regisseur van cultfilms zoals *Vrouwen op de rand van een zenuwinzinking* en als boegbeeld van de *movida* (het bruisende nachtleven, annex de hippe kunstwereld in Madrid) dan als literair auteur. Toch heeft hij bij gelegenheid proza gepubliceerd, dat eveneens als 'subnormaal' bestempeld kan worden. In het feuilleton 'Patty Diphusa' vertelt een pornoster haar turbulente leven in het Madrid van de *destape* (de seksuele losbandigheid, zoals een fles champagne die openknalt, ook wel *desmadre* genoemd: een fuif die uit de hand loopt). Erg verheffend is het allemaal niet: Patty is *una chica material* van het hysterische type die voortdurend in staat van opwinding verkeert en niet bij machte is om een half uur aan een stuk hetzelfde te doen. Ze vindt het vreselijk om verstandig te zijn, tenzij ze op die manier een smak geld kan verdienen. Eigenlijk, zo zegt Patty zelf, beschikt zij over een 'superieure intelligentie', ze laat het alleen niet blijken. Ook uit haar taal blijkt dit niet, want Patty imiteert alleen wat ze rond zich heeft horen vertellen. Alle gespreksclichés van de jaren tachtig passeren de revue.

Het gebabbel van Patty Diphusa kan men bezwaarlijk indelen bij de Grote Literatuur. Almodóvar grijpt dan ook bewust naar technieken en motieven uit de moderne massacultuur, vooral film en televisie: de melodramatische *culebrón* (soap) als subnormaal genre bij uitstek, en de parodie daarop als subnormale literatuur in het kwadraat. Overigens zit het verhaal van Diphusa knap in elkaar, met veel verrassingen en ironie.

Pedro Zarraluki (°1954)

In het verlengde van Almodóvar ligt het oeuvre van Pedro Zarraluki. Ook hij is een product (of een protagonist) van de *movida*-cultuur. Zo dankt hij zijn welstand aan een keten blitse etablissementen die hij uitbaat in de uitgaansbuurt van Barcelona. Zijn inspiratie haalt hij uit films als Quentin Tarantino's *Pulp Fiction*. Net als Almodóvar schuwt Zarraluki de snoeverige, studentikoze stijl niet, maar zijn literaire ambities reiken wel een ind verder.

De kikkerwachter (1990) heeft opnieuw een subnormale titel: wat is er dwazer dan de wacht te houden bij kikkers? Het is het verhaal van een dertiger aan het eind van de jaren tachtig. Aanvankelijk koestert hij nog een paar idealen (hij sticht een commune waar iedereen zijn zin mag doen), maar al snel komt hij tot de ontdekking dat het leven alles is wat er voorvalt terwijl je je iets anders had voorgenomen. Vrienden komen om in een auto-ongeluk en de grote liefde gaat er met een ander vandoor. Wat overblijft, zijn blauwe kikkers op een braaklandje in een oude industriële wijk.

De kikkerwachter wil, net als de held van A.F.Th. van der Heijdens *Tandeloze tijd* leven in de breedte, zoveel mogelijk intense ervaringen opdoen. Zijn niet aflatende zucht naar genietingen heeft hem blasé gemaakt. Doordat hij almaar meer verlangt, krijgt hij behoefte aan hulpstukken en artificiële paradijzen. Op een mooie lentedag maakt hij het zijn geliefde eens extra naar de zin en ensceneert voor haar een erotisch diner. De sterkste afrodisiaca uit het kruidenboek heeft hij dooreengemengd, van lustopwekkend aperitief tot zinnenprikkelend nagerecht. Verder dan de soep komen ze niet, want al na de eerste happen volgt een onbedaarlijk en pijnlijk orgasme. Zo is het bijna met alles in het leven van de kikkerwachter: meestal is hij te lui om tot activiteit over te gaan, maar als het er dan toch van komt, loopt alles mis door overspannenheid.

Omdat er ook gegeten, gedronken en gewoond moet worden, schrijft het hoofdpersonage iedere maand een verhaal voor een literair tijdschrift. De uitgever verwacht van hem levensschetsen van de groten van de Europese beschaving (Leonardo da Vinci, Jeanne d'Arc, Newton...), maar de kikkerwachter krijgt alleen de meest absurde biografieën uit zijn pen: tot ergernis van zijn uitgever wordt de rubriek een schandkroniek van bedriegers, criminelen en allerhande engerds uit het horrorcabinet van de geschiedenis.

Eén van de gebiografeerde helden is de Amerikaan Phineas Taylor Barnum, specialist in misleidingsstunts en als meester-illusionist pionier van de moderne marketing. Barnum deed de mensen geloven in wat ze zagen: hij stelde een honderdjarige vrouw tentoon in een tent, bouwde de watervallen van Niagara na in een museum in New York en slaagde erin de grootste olifant weg te halen uit de zoo van Londen. Natuurlijk moest het met zo iemand slecht aflopen, maar zelfs zijn falen was een schitterend schouwspel.

In een interview heeft Zarraluki gezegd: 'Komedie en tragedie vermengen zich, want ik zag dat de roman gaandeweg melancholischer werd. Ik wilde dat zelfs een idioot het verhaal, ondanks alles, nog lachend kon uitlezen'.

Generación X

Het verst in de veridiotisering gaan de auteurs van de *generación equis* (*equis* naar de gelijknamige letter X uit het Spaanse alfabet). De bekendste *equistas* zijn José Angel Mañas, Ray Loriga en Juan Manuel de Prada, allen geboren rond 1970. Vooral Loriga (°1967) staat bekend om zijn flamboyante, media-zoekende levensstijl vol seks en drugs en harde muziek; berucht is zijn affaire met rockzangeres Cristina Rosenvinge. Deze sfeer dringt zich onmiddellijk op bij de lectuur van zijn korte romans. Het is de wereld van de *tribus urbanas* (stedelijke subculturen), van acid jazz, bakalao en techno, Beavi's & Butthead, Trash Metal en piercing. *Het ergste van alles* (1992), *Helden* (1993, naar de song 'Heroes' van David Bowie) en *Engel des doods* (1995) zijn voorbeelden van intensieve, directe literatuur die kort aansluiten op het leven van de verweesde, werkeloze jongeren in de grote steden. Van alle *equis*-romans is *Madrileense roulette* (1994) van José Angel Mañas (°1971) misschien wel de meest representatieve, qua cultstatus vergelijkbaar met Bret Easton Ellis' *American Psycho*. In het Spaans staat er *Historias del Kronen* en Kronen is een jongerencafé in Madrid waar speed, horse en coke te krijgen zijn. Sinds het boek van Mañas en de film naar het boek is Kronen een begrip geworden: iedereen die na 1970 geboren is, er een nihilistisch wereldbeeld op nahoudt en exhibitionistisch leeft, wordt tot de Kronen-generatie gerekend. Voor de betrokkenen is het een eretitel, voor de anderen een scheldnaam. Kronen *ís* equis.

De tekst van *Madrileense roulette* bestaat voor tachtig procent uit dialogen vol drieletterwoorden en 'jeugdtaal' (*jerga juvenil*). De inhoud is navenant: veel vuilbekkerij en beledigingen. Spannend is het verhaal niet, want de actie beperkt zich tot de monotone, dagelijks terugkerende rituelen van een *hijo de papá*: wakker worden met een houten kop, vlug een pornootje bekijken, naar Kronen om horse te scoren, met de maatjes afspreken om er weer eens keihard tegenaan te gaan, een *litrona* tot zich nemen (een literfles bier, te nuttigen in openlucht), joyriding met papa's auto, zijn medemens treiteren, een 'gleufdiertje' neuken, 's morgens tegen zessen thuiskomen en een gat in de dag slapen. Nu heeft Mañas wel geprobeerd om een soort hoogtepunt in zijn verhaal in te bouwen. Op het eind gaat het er namelijk gewelddadiger aan toe dan ooit. Een met drugs volgespoten student wordt bij wijze van grap vastgebonden op een stoel, waarna via een trechter een fles whisky in zijn keelgat gegoten wordt. Zoals te verwachten loopt het slecht af, maar geen nood: Madrid werd toch al te klein voor deze subnormale jongelui, bij wie de afstomping ongekende vormen aangenomen heeft.

Mañas probeert intensiteit te bereiken door het opeenstapelen van gruwelijkheden en het gebruik van schuttingwoorden. Het ontbreekt *Madrileense roulette* echter aan een stevige structuur, opbouw, vakmatige bedrevenheid, een sterke stijl: alles wat literatuur écht intensief kan maken, zoals in het geval van *De tandeloze tijd*. Ook de kritische afstand in de vorm van commentaar is bij Mañas verdwenen; *Madrileense roulette* is bovendien een totaal onironisch, onhumoristisch boek.

Het mediasucces van de X'ers staat niet in verhouding tot de literaire kwaliteiten van hun werk. Volgens Luis Rojas Marcos in *El País Semanal* loont het tegenwoordig om zich als een onschuldig slachtoffer voor te doen: 'Onze maatschappij is gefascineerd door het succes van het falen. Deze ethiek van de verliezer verschuift van boven naar onderen op de sociale ladder. Helemaal bovenaan bevindt zich de generatie van de postyuppies: een paar duizend goed bemiddelde jongens en meisjes die zich in hun vrije tijd in het leven van de armoezaaiers storten. Helemaal onderaan bevinden zich de echte marginalen: de jongeren uit de achtergestelde buurten. Hun mislukking is geen aangenomen pose, geen aanstellerij'.

Hoe kan men de fascinatie voor het lagere, het kinderlijke en het mismaakte verklaren? Is dat iets van alle tijden en alle mensen? Of heeft de cultus van de morbiditeit toch specifieke banden met de Spaanse cultuur, waarin het abjecte en het gedeformeerde altijd centraal gestaan hebben? Denken we maar aan de jaarlijkse passiespelen waarin het lijden van Christus breed en bloederig geëtaleerd wordt, aan schilders als El Greco of Goya, aan de schrijvers Quevedo en Valle-Inclán. Of is de *desencanto* toch een gevolg van de overspannen verwachtingen ten aanzien van de democratie, de achterkant van de Spaanse liberale droom? Aan het eind van de jaren zeventig dachten sommigen nog met enige nostalgie terug aan het franquisme ('Onder Franco hadden we het beter'); nu heeft het gevoel van *desencanto* de vorm aangenomen van een a-politieke en a-morele houding (*pasotismo*) en in het geval van de X'ers zelfs van een bewust immorele provocatie (*épater le bourgeois*). Misschien speelt ook het motief van het einde van de 'grote verhalen' mee: omvattende ideologieën blijken het niet meer te doen; wat overblijft, is de eenzame mens die voor zichzelf de wereld opnieuw moet uitvinden. Maar waarschijnlijk is dat laatste toch een te mooie en te filosofische verklaring.

3. Schrijven over geschiedenis

Testimonios

In een beroemd geworden interview met *L'Express* zei filmregisseur Pedro Almodóvar dat hij 'Franco het recht weigerde te bestaan'. Het moest nu eens uit zijn met het treuren over het verleden. De toekomst lag open. De uitspraak van Almodóvar is typisch voor de manier waarop vele Spaanse intellectuelen dachten na 1975. Volgens Manuel Vázquez Montalbán en Jorge Semprún, twee auteurs die op andere punten vaak met elkaar in de clinch gegaan zijn, lijdt Spanje dan ook aan een ernstige vorm van geheugenverlies (*desmemoriamiento*). Een van de symptomen van deze verdringing is de vlucht naar voren: het zich overhaaste storten in de moderniteit.

Ook in de literatuur lijkt men zich te hebben afgewend van het verleden. In plaats van de geschiedenis te exploreren en historische mythes te ontmaskeren zoals Juan Goytisolo deed, werpen schrijvers zich op modieuze thema's zoals het leven in de grote steden, het fin de siècle en het postmoderne *desencanto*. Anderen schrijven dan weer louter traditionele liefdesverhalen, kijken langdurig bij zichzelf naar binnen of houden zich bezig met literatuur om de literatuur. Ze lezen Nabokov, Borges, Onetti en zelfs Góngora en

laten zich niets gelegen liggen aan de oproep van Vázquez
Montalbán om de Spaanse Burgeroorlog en het franquisme in hun
oeuvre op te nemen. Als ze het toch over het verleden hebben, dan
is het vaak onder de vorm van neoromantische historische romans
of kostuumdrama's. Als voorbeeld van dit laatste kan de *Alatriste*-
reeks van Arturo Pérez-Reverte gelden.

Anderzijds: hoe aannemelijk de stelling van de collectieve
amnesie op het eerste gezicht ook lijkt, in de praktijk wordt er wel
degelijk veel over de recente Spaanse geschiedenis geschreven. Dat
gebeurt echter niet op de eerste plaats door literatoren, maar door
journalisten, publicisten en mensen die bij de gebeurtenissen
betrokken waren. In 1973 al startte de populaire uitgeverij Planeta
met de reeks *Espejo de España* (Spiegel van Spanje), waarin iedereen die een rol van belang had gespeeld in de recente geschiedenis
zijn getuigenis kwijt kon, zowel de lijfarts van Franco als diens zus,
zowel franquisten als opponenten van het regime. Ook vakhistorici publiceerden in de reeks, waarin titels als *Zo was de Tweede
Republiek, Geschiedenis van het franquisme, God en de Spanjaarden,
Juan Carlos of de onbekende jeugd van een koning, De laatste 476
dagen van Franco...* Zowel de rechtse politicus Fraga als de communist Carrillo gaven hun memoires bij Planeta uit.

In 1995 was Franco twintig jaar dood. Dat werd herdacht met
een stroom van publicaties over het franquisme en de *Transición*.
In 1996 was het zestig jaar geleden dat de Burgeroorlog begon:
opnieuw verschenen tientallen overzichtswerken, kronieken,
detailstudies en zelfs een heuse *anecdotario* (bundel met anekdotes)
over een onderwerp waarvan de bibliografie voordien al niet te
overzien was.

Er bestaat dus wel degelijk een grote belangstelling voor historische publicaties. De these van de collectieve amnesie gaat niet op
of moet minstens genuanceerd worden. Wel is het zo dat het historische debat in Spanje nog altijd beheerst wordt door ideologische tegenstellingen. Dat kwam duidelijk naar voren toen de historische communistenleider Santiago Carrillo zijn memoires
publiceerde. Onmiddellijk daarop kwam een storm van reacties,
de meest vehemente van Ricardo de la Cierva in zijn boek *Carrillo*

miente (Carrillo liegt, 1994). De *Autobiografía de Federico Sánchez* (1977) van Jorge Semprún is dan weer op de eerste plaats opgevat als een zelfkritiek over zijn eigen communistische verleden, maar tevens als een afrekening met Carrillo. Ook beroepshistorici die zich aan de geschiedenis van het franquisme wagen, moeten er terdege rekening mee houden dat hun werk haast vanzelfsprekend ter linker of ter rechter zijde van het sterk gepolariseerde politieke spectrum gesitueerd zal worden. Alleen van buitenlandse historici verwacht men objectiviteit, al worden ook zij vaak ongewild in het conflict betrokken.

Het is normaal dat van de historische literatuur, en zeker van de politieke, weinig in het Nederlands vertaald is. Meestal gaat het immers over lokale problemen waarvan we hier onvoldoende op de hoogte zijn om de inzet te snappen. Er zijn evenwel een paar uitzonderingen: *Geschiedenis van een schooljuffrouw* (1990) van Josefina Aldecoa, en de romans *De pianist* (1985) en *Galíndez, spoorloos verdwenen* (1990) van Manuel Vázquez Montalbán. Zowel bij Aldecoa als bij Montalbán gaat het om literatuur die probeert een verdrongen aspect van het verleden opnieuw onder de aandacht te brengen en die ik daarom 'anamnestische literatuur' noem. De manier waarop de anamnese of het terugroepen in de herinnering gebeurt, is echter verschillend.

Geschiedenis van een schooljuffrouw handelt over de Tweede Republiek (1932-1936), die uitliep op het debacle van de Burgeroorlog. Nog altijd wordt de herinnering aan de Tweede Republiek door velen (vooral aan de linkerzijde) gekoesterd als een soort democratische utopie. Eindelijk was de monarchie verdreven en het volk aan de macht. Nu zijn er de laatste tijd een aantal studies verschenen die het democratische gehalte van de Tweede Republiek sterk gerelativeerd hebben. Misschien was Spanje nog niet klaar voor de democratie, maar misschien lag het ook niet alleen aan de omstandigheden en hebben de republikeinse leiders een aantal historische fouten gemaakt. Wat er ook van zij, Josefina Aldecoa heeft over deze controversiële periode van de Spaanse geschiedenis een roman geschreven, dit wil zeggen: een verzinsel dat tegelijk de bedoeling heeft geloofwaardig over te komen. Zij kiest daarbij het standpunt van een jonge, pas afgestudeerde onderwijzeres. Die werkt eerst een jaar in Afrika, wat haar in contact brengt met de excessen van het Spaanse kolonialisme. Daarna geeft ze les in een Noord-Spaans bergdorpje waar ze geconfronteerd wordt met obscurantisme, analfabetisme en armoede. In de tijd die ze in het dorpje doorbrengt, slaagt ze erin een deel van haar idealen te verwezenlijken. Ze wordt de heldin van de kinderen en breekt de macht van de pastoor. Dan trouwt ze met een rode onderwijzer en wordt ze overgeplaatst naar de mijnstreek Asturias, net op het ogenblik dat daar de grote stakingen uitbreken. Daar eindigt ook het boek, net voor Franco op het historische toneel verschijnt om de stakingen te breken. Inmiddels is wel al duidelijk geworden dat Spanje op een catastrofe afstevent en dat er van de mooie onderwijzersidealen niet veel meer overblijft. Vooraan in *Geschiedenis van een schooljuffrouw* staat een typisch *desengaño*-motto van Quevedo: '...omdat ik weet dat dromen meestal bedrog zijn van de verbeelding en ledigheid van de ziel'.

Door als hoofdpersonage een onderwijzeres te kiezen probeert Josefina Aldecoa een waarheidsgetrouw beeld te geven van het harde dagelijkse leven uit die tijd. Anderzijds heeft deze keuze ook een duidelijke ideologische component: onderwijzers waren tijdens de Tweede Republiek namelijk sleutelfiguren. Het republikeinse ideaal van de volksopvoeding steunde volledig op onderwijzers, die tot in de kleine dorpjes toe de waarden van het pacifisme, de vrije liefde en het *cooperativismo* (solidariteit) gingen uitdragen. Een van de eerste maatregelen van de Republiek was het aanpassen van de salarissen van de onderwijzers. De visie van Aldecoa's *maestra* is dan ook ideologisch gekleurd. In al haar aandoenlijke oprechtheid geeft ze een vereenvoudigd en daardoor tendentieus beeld van de historische situatie. Josefina Aldecoa identificeert zich hier met een welbepaald standpunt en verschraalt daarmee het debat. Bovendien heeft ze met haar roman uitgesproken didactische bedoelingen: *Geschiedenis van een schooljuffrouw* zou ideaal zijn als illustratiemateriaal bij de les geschiedenis. Alle belangrijke gebeurtenissen uit die jaren komen keurig aan bod en de uitleg is zeer overzichtelijk.

Geschiedenis van een schooljuffrouw is een typisch voorbeeld van *testimonio-* of getuigenissenliteratuur, ook wel *memorialismo* genoemd: vrouwen, partizanen, arbeiders of mijnwerkers vertellen over hun dagelijkse leven en leveren daarbij de *visión de los vencidos* (de visie van de overwonnenen). Als bijdrage tot de geschiedschrijving hebben deze getuigenissen een beperkte waarde: niet wát ze vertellen is interessant, maar hoé ze het doen. Literair stelt het niet veel voor (precies door de eenzijdigheid van het perspectief en de vlakke, didactische verteltrant), maar dat is ook nooit de bedoeling geweest.

De *testimonio* is een val waar Manuel Vázquez Montalbán niet in trapt, al is ook hij een typische vertegenwoordiger van de *visión de los vencidos*. In *De pianist* schetst Vázquez Montalbán de geschiedenis van de linkse intelligentsia vanaf de zomer van 1936 (de triomf van het Volksfront in Frankrijk) tot aan de sociaaldemocratische verkiezingsoverwinning in 1982 (eigenlijk kiest de auteur de omgekeerde volgorde: eerst 1982, dan 1939, dan 1936). Doordat Montalbán verschillende personages aan het woord laat, is zijn visie interessanter dan die van Aldecoa, maar een zeker schematisme kan hem toch aangewreven worden.

Dan is *Galíndez, spoorloos verdwenen* een beter geslaagd voorbeeld van anamnestische literatuur. Gereconstrueerd wordt het leven van de Baskische jurist en nationalist Jesús de Galíndez, die na de Burgeroorlog naar de Verenigde Staten vertrok om daar met andere middelen de strijd voor de Baskische zaak voort te zetten. In 1956 wordt hij op Fifth Avenue in New York ontvoerd en nooit meer teruggevonden. Tot zover de feiten. De roman van Montalbán is niet geconstrueerd als een overzichtelijke weergave van deze feiten, maar als een zoektocht naar een problematisch verleden. Het tweede hoofdpersonage van *Galíndez* is namelijk de Noord-Amerikaanse wetenschapster Muriel Colbert, die een proefschrift voorbereidt over de ethiek van het antifranquisme, meer bepaald over het geval Jesús de Galíndez. Bij haar naspeuringen in Baskenland, de Verenigde Staten en de Dominicaanse Republiek wordt Colbert door onbekende instanties tegengewerkt: ze krijgt desinformatie toegespeeld en wordt zelfs lijfelijk bedreigd. Wat als een academisch onderzoek begint, groeit uit tot een gepassioneerde kweeste, waarbij de onderzoekster persoonlijk bij haar onderwerp betrokken raakt. Op het eind van de roman wordt ook Colbert ontvoerd. Enkele dagen later spoelt haar lijk aan op het strand van Miami.

Ten opzichte van *Geschiedenis van een schooljuffrouw* biedt *Galíndez* het surplus dat het project van de geschiedschrijving als dusdanig geproblematiseerd wordt. Hoe kan men de waarheid van het geval Galíndez te weten komen, als er zoveel tegenstrijdige versies in omloop zijn, als historische bronnen ontoegankelijk zijn en ooggetuigen redenen hebben om te liegen? Vázquez Montalbán leert, in tegenstelling tot Aldecoa, dat de geschiedenis niet zomaar vanuit een naïef en eenzijdig standpunt beschreven kan worden. Via de wetenschapster Muriel Colbert komen we veel meer te weten over de complexiteit van de geschiedenis dan door de lesjes van de *maestra* van Aldecoa.

Het dossier Franco

Begin jaren negentig verschenen ongeveer tegelijk twee grote biografieën van Franco die het bij een groot publiek goed deden. De eerste was van de hand van de Engelse historicus en hispanist Paul Preston: *Franco* (1993) is een vlot lezend synthesewerk dat vooral de verdienste heeft een algemeen tijdskader te bieden. Van zijn collega's historici kreeg Preston flink wat kritiek te verduren vanwege onnauwkeurigheden in zijn verhaal. Overigens blijft het wel een boeiend verhaal.

De tweede biografie is van Manuel Vázquez Montalbán en draagt de ongebruikelijke titel *Autobiografie van generaal Franco* (1992). Montalbán is geen historicus, maar romancier. Hij staat erom bekend dat hij sneller schrijft dan hij denkt, dat hij perfect weet hoe hij een verhaal moet opbouwen en dat hij niet terugdeinst voor speciale effecten. Montalbán staat ook om een tweede reden onder de verdenking geen historisch objectieve biografie te hebben geschreven: hij was jarenlang als communist en catalanist zowat het prototype van de antifranquistische intellectueel. Montalbán geeft op het omslag al toe dat zijn biografie vanuit een antifranquistische inspiratie geschreven is: 'Een roman die alle wreedheid van een epoque aan de vergetelheid wil onttrekken'.

Het boek gaat over Franco, maar is een hommage aan diens tegenstanders, aan de verliezers van de Burgeroorlog en de slachtoffers van het regime. De geschiedenis wordt hier ten dienste gesteld van één bepaalde versie. Men is dus gewaarschuwd.

In de roman krijgt de fictieve auteur Marcial Pombo van zijn uitgeverij de opdracht om voor het grote publiek een biografie van Franco te schrijven. Bijzonder aan de opdracht is dat de biografie in de eerste persoon gesteld moet zijn, zodat de lezer de geschiedenis uit de mond van Franco zelf te horen krijgt. Pombo aanvaardt de opdracht om financiële redenen, maar naarmate het werk vordert, komt Pombo's (lees: Montalbáns) eigen antifranquistische verleden weer naar boven en begint hij last te kregen van professionele schizofrenie. Steeds vaker onderbreekt hij zijn verhaal om de officiële interpretatie te nuanceren, te corrigeren of helemaal te ontkrachten. Op den duur schrijft Pombo twee boeken: de *historia oficial* en de tegengeschiedenis. De autobiografie van Franco blijkt een mythologie te zijn die gedeconstrueerd wordt door een échte biografie: die van Pombo en de zijnen. Het is een triest relaas van verdringing, mediocriteit en onmacht, het verhaal van een tijdperk in de Spaanse geschiedenis dat sommigen zo snel mogelijk willen vergeten en dat anderen mooier willen maken dan het geweest is.

De inzet van Montalbáns roman is te verhinderen dat de franquistische versie van de geschiedenis doordringt tot schoolboeken, encyclopedieën en glanzende magazines, en daardoor bespreekbaar, zelfs salonfähig wordt. Montalbán maakt met andere woorden gebruik van romanconventies om een historisch statement te maken. Hij zet echter tevens zijn verhaal kracht bij met een overvloed aan bronnenmateriaal. Voortdurend laat hij Pombo in zijn tegenversie citeren uit secundaire documentatie: getuigenissen van familieleden of naaste medewerkers van Franco, ooggetuigen, tegenstanders en slachtoffers van de dictator. Op deze manier ontstaat een polyfoon geheel waarin tientallen stemmen te horen zijn die het hoofdverhaal steeds weer onderbreken en verstoren.

Montalbán heeft het in zijn inleiding over 'geruis'. Het gevolg van deze techniek is dat de roman minder vlot leest dan de historische studie van Preston en dat ze met al die namen en titels een veel wetenschappelijkere indruk maakt.

Zoals te voorzien en te verwachten was, hebben verschillende beroepshistorici op Montalbáns werkstuk gereageerd. De venijnstige aanval kwam van Ricardo de la Cierva, die eerder al in een opstel van vijftig bladzijden de biografie van Preston met de grond gelijk had gemaakt. Aan Montalbáns boek besteedde De la Cierva minder moeite: dat hoefde ook niet, want Montalbán gaf zelf al toe dat zijn interpretatie tendentieus was. Ongemakkelijk is daarentegen wel dat de romancier zoveel historisch materiaal gebruikt om zijn gelijk te staven en zo de schijn van objectiviteit wekt.

Zonder veel voorbeelden te geven stelt De la Cierva in *No nos robarán la historia* (Ze zullen ons de geschiedenis niet afnemen, 1995) dat Montalbán de feiten geweld aandoet: zo zou hij het aantal slachtoffers van de franquistische repressie met liefst tien vermenigvuldigen. Om polemische redenen spitst De la Cierva zich echter toe op een klein fragment. Montalbán heeft namelijk met een paar minimale wijzigingen ongeveer één bladzijde overgenomen uit een studie van De la Cierva uit 1982. Hij doet dat zonder bronvermelding en pleegt dus plagiaat. De la Cierva reproduceert origineel en kopie naast elkaar en zorgt zo voor een onweerlegbaar bewijs. Montalbán heeft nooit gereageerd op de ontdekking, maar een voorspelbaar excuus is dat in romans bronvermeldingen niet hoeven. De la Cierva kan dan weer betogen dat Montalbán op andere plaatsen wel degelijk zijn bronnen vermeldt – als hem dat zo uitkomt, dit wil zeggen: als de geciteerde historici tot het 'goede' kamp behoren. Montalbán blijkt met andere woorden tendentieus te citeren.

Op zich is dat niets nieuws: het brengt alleen de bevestiging van wat we vooraf al wisten, namelijk dat Montalbán een partijdige biograaf is. Wel laten De la Cierva's opmerkingen zien hoe handig Montalbán het spel speelt. Eerst kondigt hij aan dat hij een anti-Francoroman gaat schrijven. Daarna geeft hij Franco het voordeel van de twijfel door hem zichzelf te laten verdedigen. Tenslotte introduceert hij een tegendiscours. Door F en anti-F naast elkaar te plaatsen wekt de auteur de schijn van objectiviteit, net alsof hij wil zeggen: 'dit zijn de verschillende versies, kies nu zelf maar'. Bovendien wordt die schijn nog eens versterkt door de polyfonie: zoveel getuigen treden op dat men op den duur wel overtuigd moet raken van Montalbáns historische gelijk.

De la Cierva's korte opmerking over plagiaat toont echter meer: namelijk dat behalve veel citeren, Montalbán bepaalde dingen níet zegt. Hij zegt bijvoorbeeld níet dat er mensen zijn zoals De la Cierva, die niet in het bipolaire F/anti-F-schema passen. Voor Montalbán is men pro of contra Franco. De la Cierva is niet tegen, dus moet hij wel pro zijn. Montalbán ontkent het bestaan van de mogelijkheid 'niet-F en tegelijk niet-anti-F'. Historisch gezien komt deze optie met de positie van de zogenaamde *aperturistas*: liberale reformisten die onder het franquisme politieke verantwoordelijkheid op zich namen zonder zich tot de franquistische ideologie te bekennen. Natuurlijk bestaat er discussie over de ware aard van deze aperturisten: waren zij echt de democraten-in-de-dop waarvoor ze later doorgingen of wilden zij gewoon in de macht delen, ongeacht het regime?

De bekendste aperturist is ongetwijfeld Manuel Fraga Iribarne, als ex-minister van Franco verantwoordelijk voor het censuurbeleid (met dien verstande dat hij de censuur *versoepelde*) en na de *Transición* hoofd van de Galicische deelregering. Ook De la Cierva hoort tot die groep: onder Franco had hij het tot directeur-generaal van Volkscultuur geschopt, in welke functie ook hij zich met de censuurregeling bezigheid. In 1975 nog omschreef hij zichzelf als een franquist, in die zin dat hij zowel intellectueel als politiek zijn wortels in het franquisme had, zonder het daarom eens te zijn met alles wat de regering beslist. Na 1975 schaarde hij zich, geheel in de lijn van Franco's politieke testament, achter de monarchie van Juan Carlos en zetelde hij een paar jaar als conservatieve senator.

De la Cierva is dus rechter en partij: hij maakt zelf deel uit van de periode die hij bestudeert en vertegenwoordigt er één bepaalde strekking, namelijk de 'aperturistische'. Hij heeft dus persoonlijk belang bij bepaalde interpretaties. De manier waarop Franco voorgesteld wordt in de geschiedschrijving is hem niet om het even.

Toch profileert de historicus De la Cierva zich als een positivist die bij bronnenonderzoek zweert en voor wie de 'feiten' heiliger zijn dan de lord-mayor van Londen. Zo is hij ook een groot voorstander van statistisch onderzoek. Nu mag De la Cierva een uitstekend compilator van ware feiten zijn; als het erop aan komt die feiten in een zinvol kader te plaatsen, blijkt pas hoe schematisch en tendentieus hij zelf te werk gaat. Interessant in dat opzicht zijn zijn pogingen om een Franco-biografie te schrijven. Tot op heden heeft hij een zestal omvangrijke deelstudies gepubliceerd en in *No nos robarán la historia* onthult hij het definitieve plan van zijn toekomstige biografie. De structuur ervan is huiveringwekkend schematisch. Het leven van Franco wordt gezien als een opeenvolging van zes grote overwinningen: de militaire zege in Afrika (1907-1931), de zege op 'het Volksfront, het communisme en de chaos' (sic, 1931-1939), het weerstaan van de bekoring om aan de Tweede Wereldoorlog deel te nemen, de gewonnen strijd tegen de internationale blokkade (1945-1953), tegen 'de honger en de historische achterstand van Spanje' en tenslotte tegen troonpretendent don Juan de Borbón, vader van de huidige koning. De la Cierva beweert dat hij zijn hypothese van de zes overwinningen ontwikkeld heeft na bestudering van archieven en als correctie op de ver-ideologiseerde 'linkse' historiografie. Wat hij weigert te erkennen, is dat hij zelf ook een ideologisch discours reproduceert en wel dat van Franco zelf. Wat is er franquistischer dan het voorstellen van Franco's leven als een opeenvolging van triomfen?

Wat verder opvalt, is De la Cierva's totale gebrek aan nuancering waar het de intenties van zijn tegenstander betreft: Montalbán is een communist en 'dus' liegt hij. Het is alsof men hier de botste franquistische propagandist en communistenvreter aan het woord hoort. De la Cierva's kwalificaties maken hem ten enenmale ongeloofwaardig. Zo bekeken komt Montalbán intelligenter over wanneer hij laat zien hoe 'objectieve feiten' telkens opnieuw gebruikt worden om een ideologisch gekleurd verhaal overtuigend te maken. Zelf doet Montalbán daar overigens ook aan mee. De lezer moet permanent op zijn hoede zijn, want hij wordt ingepakt waar hij bij staat. Het is dan ook goed dat er vakhistorici zijn zoals De la Cierva die op de punten en de komma's letten. Maar ook bij een zelfverklaarde positivist kan men als lezer maar beter op zijn hoede blijven.

4. Op zoek naar de plot

Arturo Pérez-Reverte (°1951)

Spaanse schrijvers zijn vaak beroepsauteurs. Eén manier om van de pen te leven is te zorgen voor neveninkomsten uit journalistiek werk, een andere manier is de permanente productie: elk jaar of half jaar een nieuw boek. Manuel Vicent heeft ooit over zijn collega-veelschrijver Vázquez Montalbán gezegd dat die in staat was om drie artikelen te schrijven terwijl hij een paella aan het bereiden was. Een andere beroemde 'polygraaf' is Francisco Umbral: zijn gemiddelde productie beslaat duizend krantencolumns en twee boeken per jaar.

Een permanente tekstproductie vereist echter een aangepaste, op seriewerk gerichte schrijfmethode. Alle boeken van een auteur worden op dezelfde manier vervaardigd en zien er dan ook hetzelfde uit. Het typevoorbeeld hiervan is Vázquez Montalbáns *Serie Pepe Carvalho*, waarin al meer dan twintig deeltjes verschenen zijn. Het personage van privé-detective Pepe Carvalho is al die jaren nauwelijks veranderd, alleen de omstandigheden waarin hij zijn beroep uitoefent, wijzigen met de actualiteit. De trouwe Carvalho-lezer weet perfect waar hij aan toe is als er een nieuw deeltje verschijnt. Succes heeft veel te maken met het scheppen en invullen van verwachtingspatronen. Ook niet-detectiveschrijvers hebben er daarom commercieel belang bij hun productie een beetje gelijkvormig en aldus herkenbaar te maken.

Een van de meest professionele auteurs in bovengenoemde zin, is Arturo Pérez-Reverte. Na een loopbaan als oorlogsreporter bij de Spaanse televisie legt hij zich toe op romanschrijven en sindsdien publiceert hij met de regelmaat van de klok dikke turven die door een groot publiek herkend en geconsumeerd worden. Pérez-Reverte is een echte *superventa*, tot in Mexico en Argentinië toe; ook de vertalingen lopen opmerkelijk vlot. Wie één boek van Pérez-Reverte gelezen heeft, is dan ook benieuwd naar het volgende, dat een beetje hetzelfde maar ook weer een beetje anders zal zijn. Het begon allemaal in 1986 met *El húsar* (De huzaar), twee jaar later gevolgd door *El maestro de esgrima* (De schermmeester). Nog eens twee jaar later kwam *Het paneel van Vlaanderen* (1990) uit. Het was het eerste boek van Pérez-Reverte dat in het Nederlands vertaald werd en in het buitenland brak hij er definitief mee door. De *New York Times Book Review* noemde de Engelse vertaling van 1994 een van de vijf beste boeken van dat jaar. Ook *De club Dumas* (1993) is vertaald en de vertaling van *La piel del tambor* (Het vel van de trommel, 1996), dat in Spanje alle verkoopcijfers sloeg, is in voorbereiding. Volgens cijfers van de uitgeverij waren er in november 1996 van de laatste drie romans van Pérez-Reverte respectievelijk een kwart miljoen, tweehonderdvijftig duizend en driehonderdvijftig duizend exemplaren verkocht. Na deze vier boeken, die zo sterk op elkaar lijken dat ze bijna een cyclus vormen, is Pérez-Reverte aan een nieuw serieel project begonnen: zes romans over het fictieve personage van kapitein Diego Alatriste, sterk geïnspireerd op *De drie musketiers* van Dumas, maar zich afspelend in het Madrid van Francisco de Quevedo (de eerste helft van de zeventiende eeuw).

Wat houdt het succes*label* 'Pérez-Reverte' precies in? Om te beginnen: elke roman is opgevat als een thriller. Centraal staat een raadsel dat opgelost moet worden. In *Het paneel van Vlaanderen* is dat een vijftiende-eeuws schilderij uit de school van Van Eyck, voorstellende een schaakspel tussen twee edellieden en een toekijkende vrouw. Dit paneel is in handen gekomen van de jonge, Madrileense restauratrice Julia die het in opdracht van de eigenaar moet herstellen voordat het op de veiling van Sotheby's verkocht wordt. Aanvankelijk lijkt de restauratie een routineklus, maar dan ontdekt Julia onder de verflaag een mysterieuze inscriptie, die waarschijnlijk door de schilder Pieter van Huys zelf is aangebracht: QUIS NECAVIT EQUITEM?, 'wie heeft de ruiter gedood?'

Deze ruiter lijkt te verwijzen naar het witte paard van het schaakspel, dat inderdaad al geslagen of 'dood' is. Julia raakt gefascineerd door het raadsel en consulteert een schaakspecialist. Door terug te redeneren probeert die het spel te reconstrueren en zo te weten te komen wie het paard sloeg. Er is echter meer aan de hand. Men kan het paneel namelijk ook opvatten als een allegorische voorstelling van een historische werkelijkheid. De ruiter van het raadsel verwijst misschien naar een van de twee ridders op het schilderij. Julia raadpleegt nu een kunsthistoricus die inderdaad een van de ridders identificeert als Roger d'Arras, een edelman uit de Bourgondische vijftiende eeuw die door moord om het leven is gekomen. Volgens kronieken uit die tijd is de moord nooit opgehelderd. Wist schilder Pieter van Huys meer? Bevat zijn paneel zowel de opdracht als de oplossing van het raadsel? Welke hints heeft hij nog meer in zijn kunstwerk verstopt?

Dan komt de kunsthistoricus door een aanslag om het leven. Julia ontvangt bedreigingen, krijgt onverwachte hulp van een onbekende. Zonder het te beseffen is zij in een intrige terechtgekomen waar ze geen vat meer op heeft. Ze is een speelbal in de strijd tussen de eigenaar en zijn familie, de kunstmakelaar en de veilingmeester. En in dat alles spelen een mysterieuze vijftiende-eeuwse schilder en een ridder de hoofdrol.

Het paneel van Vlaanderen is een boek met een vernuftige plot vol spiegels, labyrinten en valse sporen. Er staan zelfs ingewikkelde spelschema's in en men moet echt wat van schaken afweten om het verhaal te kunnen volgen. Dit is virtuoze en tegelijk een beetje computermatige literatuur voor de liefhebbers van de Bustos Domecq-verhalen van Borges en Bioy Casares.

Het spel van de auteur houdt overigens niet op bij het verhaal van Julia. Ook de lezer wordt voortdurend misleid en gemanipuleerd, vaak zonder dat hij het in de gaten heeft. Zo blijkt de schilder Pieter van Huys bij nader onderzoek nooit bestaan te hebben. Wel heeft er in de zestiende (niet in de vijftiende) eeuw een zekere Pieter Huys bestaan, zonder voorvoegsel 'van', maar een schaakspel heeft hij nooit geschilderd. Overigens schilderde Huys niet in de stijl van Van Eyck, maar in die van Jeroen Bosch. Pérez-Reverte schotelt ons dus een apocrief verhaal voor. Logisch-mathematisch klopt de plot van *Het paneel van Vlaanderen* tot in de kleinste

puntjes, maar de historische verwijzingen zijn verzonnen of getru-
keerd. Op die manier wordt aan het verhaal weer een extra dimensie toegevoegd: het gaat niet alleen om een spel rond een bord of
om een belangenspel rond een waardevol schilderij, de lezer wordt
zelf een pion in een onoverzichtelijke schaakpartij. Een van de
motto's uit het boek is van Jorge Luis Borges: 'God verzet de speler, de speler het stuk. Welke God achter God zet de intrige in?'
Ook Nabokov, die andere grootmeester in het uitzetten van valse
sporen, wordt herhaaldelijk geciteerd.

Pérez-Reverte speelt met zijn lezer een spelletje dat grandioos en
vermakelijk is zolang het duurt. Aan het eind van de partij volgt
onvermijdelijk de terugkeer naar de realiteit. Ook daarover gaat
Het paneel van Vlaanderen: over de passie van de speler en het
wezen van het spel. En over literatuur als listig bedrog.

Dat *Het paneel van Vlaanderen* deel uitmaakt van een heus systeem, blijkt uit de opvolger *De club Dumas*. Het stramien is precies
hetzelfde, tot in de indeling van het boek en het gebruik van
motto's toe. Opnieuw is het uitgangspunt een raadsel en opnieuw
treden complicaties op zodra iemand probeert dat raadsel op te lossen. Ook hier weer wordt de lezer bedolven onder de valse eruditie.

In *De club Dumas* bestaat het enigma uit twee teksten: een
manuscript van het hoofdstuk 'De wijn van Anjou' uit *De drie
musketiers* en het zeventiende-eeuwse duivelsboek *De Negen
Poorten*. Ongeveer tegelijk komen deze teksten in handen van
Lucas Corso, een boekenjager die voor rijke bibliofielen zeldzame
exemplaren opspoort. Dan gebeuren er vreemde dingen: een uitgever wordt dood aangetroffen (moord, zelfmoord?), een man met
een litteken schaduwt Corso, een studente dringt zich ongevraagd
aan hem op. De sceptische *book hunter* gelooft niet in toeval en
gaat op zoek naar de gemeenschappelijke oorzaak van die onbe-
grijpelijke gebeurtenissen. Wat hebben die twee manuscripten met
elkaar te maken? Bevatten ze misschien zelf de sleutels tot het
geheim, als je maar goed genoeg leest? Kun je ze bestuderen zoals
een detective een moordzaak onderzoekt? Het manuscript van
Dumas en het duivelsboek zijn behalve tekens ook voorwerpen die

deel uitmaken van de plot: ze worden ontvreemd, teruggevonden, vernietigd, gereconstrueerd. En uiteindelijk blijft toch weer de vraag: zoeken wij niet te veel achter wat er gebeurt? Misschien is er helemaal geen God achter de plot en is alles wel degelijk een kwestie van toeval. Veel in *De club Dumas* lijkt dus op het vorige boek. Het surplus hier is dat we dichter dan ooit bij de bron van Pérez-Reverte's schrijverschap komen: Alexandre Dumas. Waar Lucas Corso zich ook begeeft, hij waant zich voortdurend in de sfeer van *De drie musketiers*, *De graaf van Monte-Cristo* of *Het halssnoer van de koningin*. Voor fervente Dumas-lezers liggen de verwijzingen voor het oprapen in de vorm van namen van personages, typische situaties, citaten.

Pérez-Reverte's bewondering voor Dumas geldt op de eerste plaats diens onbeschaamde drang om te fabuleren. Dumas was niet vies van sensationele geschiedenissen en onwaarschijnlijke coïncidenties. Hoe meer er in een verhaal gebeurde, hoe beter. Er stond geen maat op de fantasie. Ook in *De club Dumas* is de plot niet ongeloofwaardig, maar dat mag de pret niet storen: zolang er maar vaart in het verhaal zit en de spanning te snijden is.

Pérez-Reverte koestert ook een grote bewondering voor Dumas' werkmethode. Dumas was een van de eerste professionele schrijvers. Rond 1830 bestond er in Parijs een markt voor geïllustreerde magazines. Het ging daarbij om een soort societybladen, waarin de literaire feuilletons afgewisseld werden met roddel-, kook- en moderubrieken. Door een ingenieus distributiesysteem, een hoge oplage en de daarmee samenhangende goedkope prijs slaagde men er voor het eerst in de lezers weg te lokken van de leenbibliotheken. Voor schrijvers was dat financieel veel voordeliger: door regelmatig stukjes te schrijven of romans in feuilletonvorm te publiceren konden ze van de pen leven. Voorwaarde was dan wel een constante tekstproductie. Dumas heeft bijvoorbeeld meer dan tweehonderdvijftig titels op zijn naam staan. Een tweede voorwaarde om als schrijver te overleven was zich bewust te zijn van wat het publiek wilde lezen, voornamelijk dan de vrouwen, want die lazen de feuilletons; mannen waren dan weer geabonneerd op politieke

bladen. Omstreeks 1830 werd marktonderzoek een deel van de literaire arbeid. Niet alleen uitgevers, ook schrijvers speelden in op de
wensen van de consument. Dumas noemde zich, samen met Balzac, Hugo en Musset, de
uitvinder van de gemakkelijke literatuur. Andere namen zijn
Eugène Sue (*Les Mystères de Paris*) en, later, Jules Verne. De literatuur van deze schrijvers is gemakkelijk in de zin van 'goed verteer-
baar' en 'snel te consumeren'. Gemakkelijke literatuur is gericht op
effect en maakt veelvuldig gebruik van clichés, stoplappen en open
eindes (*cliffhangers*), zoals vandaag in soaps gebeurt. Hoe fantastisch ook de wereld die opgeroepen wordt, uiteindelijk zijn alle
beschreven situaties zeer stereotiep.

Pérez-Reverte geeft in *De club Dumas* de vrije loop aan zijn ver-
langen om Alexandre Dumas te imiteren. Ook hij gaat uit van een
synopsis met een summiere schets van de plot, de belangrijkste
personages en een paar aanduidingen van plaats en tijd. Ook hij
plundert de archieven om die plot te stofferen. Bij gebrek aan een
redactiemedewerker of *nègre* (Dumas had er in de loop van zijn
carrière meer dan vijftig in dienst) gaat Pérez-Reverte zelf in de
bibliotheek zitten. Voor *El maestro de esgrima* trok hij naar eigen
zeggen meer dan twee jaar research uit en vulde hij duizenden
steekkaarten. Na het monnikenwerk in de bibliotheek gaat het uitschrijven van de eerste versie tamelijk vlot. Daarna begint de
opsmuk, die nog de nodige tijd in beslag neemt.

Net als zijn grote voorbeeld schuwt Pérez-Reverte het cliché
niet. In *De club Dumas* werkt hij, behalve met alle Dumas-clichés,
met de gemeenplaatsen van de *novela negra* en de hardboiled
detective. Boekenjager Lucas Corso is in vele opzichten een stereotiepe *private eye*: cynisch, geleerd door het leven, werkend voor
geld, zichzelf voortdurend sterke drank van het merk Bols inschen-
kend. Corso spreekt in oneliners die in het kortaffe Spaans van
Reverte verrassend goed tot hun recht komen. Er is altijd een
vamp in de buurt. De seks is zeer clichématig, bijna een parodie,
maar ook dat is conform de *novela negra*-traditie.

Wat ik tot nu toe 'gemakkelijke literatuur' genoemd heb, zou
ook 'dispositie-literatuur' kunnen heten. Dispositie staat voor het

opzetten van een plot, voor de constructie; elocutie daarentegen voor het eigenlijke schrijven. In de handboeken van de klassieke retoriek kwam de *dispositio* altijd vóór de *elocutio*: eerst moest de redenaar zijn betoog organiseren, daarna pas uitschrijven. In de moderne literatuur wordt deze manier van werken wel eens omgekeerd: het verhaal ontstaat dan tijdens het creatieve proces zelf. Niet zo echter Pérez-Reverte: al zijn boeken zijn vanuit een goed gedisposeerde en gedetailleerde plot geschreven. De opzet bepaalt volledig de uitwerking. Weliswaar zit elk verhaal vol verrassingen, maar het zijn alleen verrassingen voor de lezer: de auteur had ze vooraf gecalculeerd.

Het gevolg van deze manier van werken is dat het narratieve geraamte vaak door de tekst heen steekt, net als bij Dumas het geval is. Pérez-Reverte wil zijn lezer ergens heen krijgen en bouwt daarom zeer zorgvuldig zijn verhaal op. De verteltrant is didactisch, met veel herhalingen. Personage A vat voor personage B nog eens mooi samen wat hem overkomen is, hoewel de lezer die informatie al kende. Een andere veelgehanteerde verteltruc is de uitweiding: er gebeurt een tijdlang niets en in de tussentijd worden er wat wetenswaardigheden gepresenteerd. Sommige dialogen en beschrijvingen zijn ook niet meer dan een opvulling van een hiaat tussen twee kapitale scènes in.

Het belangrijkste gevolg van de dispositie-manier van werken is dat de taal zuiver instrumenteel gebruikt wordt. De stijl staat ten dienste van het verhaal. Wie van fraaie formuleringen houdt, kan bij Pérez-Reverte dan ook niet terecht. Niet dat hij slecht schrijft – daarvoor is hij te veel een vakman -, maar zijn stijl is vlak en snel. De aantrekkingskracht moet men elders zoeken. Umberto Eco heeft iets vergelijkbaars geschreven over Dumas: een roman als *De graaf van Monte-Cristo* is technisch onvolmaakt, zit vol stopwoorden, herhalingen, opeenstapelingen van adjectieven, foute syntaxis en onbehouwen psychologie. Een cursist creatief schrijven zou er zijn handen aan vol hebben. Toch is *De graaf van Monte-Cristo* grote literatuur die de verbeelding van duizenden heeft gestimuleerd. Blijkbaar appelleert Dumas onbewust aan onze verborgen verlangens en dromen.

Miquel de Palol (°*1953*)

Een ander voorbeeld van dispositie-literatuur is *De Tuin der Zeven Schemeringen* (1989) van de in Catalonië woonachtige en in het Catalaans schrijvende auteur Miquel de Palol. Aan de basis van deze roman ligt een wilsbeslissing die vergelijkbaar is met die van Pérez-Reverte toen die besloot om voortaan thrillers te schrijven. Palol nam zich voor om een boek te maken dat vele malen de *Decamerone* van Boccaccio zou bevatten en minstens tweemaal het *Manuscript gevonden te Zaragoza* van de Poolse schrijver Jan Potocki.

Om deze uitdaging tot een goed einde te brengen, had Palol zes jaar arbeid nodig. De meeste tijd ging zitten in het ontwerpen van een gigantische plot, in de dispositie dus. Men kan dat werk nog het best vergelijken met het schrijven van een computerprogramma waarin een klein foutje het hele systeem in de war zou brengen. Eenmaal deze arbeid achter de rug gaat het uitschrijven snel, a rato van vele bladzijden per dag.

De uitdaging bestond erin om een raamvertelling te ontwerpen met een paar tientallen vertellers en een paar honderd verhalen. Van Potocki nam Palol bovendien twee vernieuwingen over. Ten eerste kreeg het hoofdverhaal een volwaardige plot, in tegenstelling tot de traditionele voorbeelden van de raamvertelling zoals de *Decamerone*, de *Canterbury Tales* en de *Verhalen van Duizend-en-één nacht*. Bij Potocki was dat de quichotteske zwerftocht van Alfons van Worden, kapitein uit het leger van Filips de Vijfde; bij Palol speelt het hoofdverhaal zich af in een futuristisch luxehotel waar de personages elkaar ontmoeten bij de maaltijden en waar zich ook allerlei intriges afspelen.

Een tweede vernieuwing die Palol van Potocki overnam, is de techniek van de verteltrappen. In het luxehotel vertelt het personage A aan zijn disgenoten het verhaal van B waarin B zelf ook als verteller van een nieuw verhaal optreedt. Op den duur krijgt men zo een aaneenschakeling van verhalen binnen andere verhalen. Potocki haalde op een gegeven moment vijf niveaus; Palol presteert er negen. Om dat allemaal te kunnen volgen, moet de lezer dus over een ijzeren geheugen beschikken. Doordat de verhalen telkens onderbroken worden, moet men op den duur het spoor wel bijster raken. Wie was ook al weer aan het woord en op welk niveau? Wat was zijn rol in een hoger- of een lagergelegen verhaal? Men zou lijstjes van personages moeten bijhouden, zoals die in oude Russische romans stonden. In het Nederlandse exemplaar staat een algemeen schema met veel kadertjes en pijltjes. De uitgever heeft het ook nog nuttig geacht om met cijfertjes aan te geven wanneer het niveau verspringt. 4/3 aan het begin van een alinea betekent dan dat er een overgang gemaakt wordt van niveau 4 naar niveau 3. Dat is geen nutteloze voorzorg geweest.

De Tuin der Zeven Schemeringen bevat in totaal veertig verhalen, maar het is onmogelijk om die afzonderlijk te lezen zoals in het geval van een traditionele raamvertelling. Door de trapstructuur hebben alle verhalen met elkaar te maken. Het boek zit dan ook vol spiegeleffecten en dubbelgangers, net als bij Pérez-Reverte. Als virtuoze (en atletische) prestatie kan het tellen, maar daar staat tegenover dat de stijl onder de lengte te lijden heeft. Net als Pérez-Reverte formuleert Palol niet onnauwkeurig, maar ook bij hem lijkt de stijl nogal vlak en routineus. Misschien speelt mij hier parten dat ik de Catalaanse versie van de roman niet gelezen heb: volgens auteur Jesús Pardo behoort De Tuin der Zeven Schemeringen wel degelijk tot de meesterwerken van het eind van de twintigste eeuw, onder meer door de bijzondere manier waarop Palol het Catalaans als een literaire taal hanteert. Zelfs in de Castiliaanse vertaling zijn volgens Pardo de vele echo's van de Neoprovençaalse taal en cultuur verloren gegaan. Wie de taal van Palol wil naar waarde schatten, moet belezen zijn in de hoofse literatuur en de troubadourslyriek.

Overigens heeft Palol zijn boek ook volgestouwd met encyclopedische uitweidingen over cybernetica, wiskunde, kunst en leven, politiek, gastronomie, Griekse mythologie, alchemie en metafysica, in de stijl van Umberto Eco's De pendel van Foucault.

Javier Marías (°1951)

Een goed voorbeeld van elocutie-literatuur is het werk van Javier Marías. Van het twaalftal romans dat hij geschreven heeft, zijn er tot op heden vier in het Nederlands vertaald: de opera-roman *Een man van gevoel* (1986), de *campus novel Aller zielen* (1989) en de Europese bestsellers *Een hart zo blank* (1992) en *Denk morgen op het slagveld aan mij* (1994). In tegenstelling tot Pérez-Reverte doet Marías niet aan research en maakt hij naar eigen zeggen nooit een plan vooraf. Uitgangspunt is telkens een zin of een beeld, waarvan de auteur schrijvenderwijs de narratieve mogelijkheden onderzoekt. De eerste regel genereert via associatie de tweede en zo ontstaat langzaam maar zeker de tekst. Het boek schrijft als het ware zichzelf en de auteur ontdekt tot zijn eigen verbazing waar dat boek hem heen leidt. Zo is de elocutie-roman *Een hart zo blank* helemaal vanuit de beginscène gecomponeerd. De setting is een familie-etentje dat bruusk onderbroken wordt door de zelfmoord van de pasgetrouwde dochter in de badkamer. Marías beschrijft eerst gedetailleerd de situatie: de ruimte, de posities van de personages in de ruimte, de afgemeten handeling van de zelfmoordenares. Daarna noteert hij de reacties van de verschillende aanwezigen: de vader, de jonge echtgenoot, het angstige dienstmeisje, de boodschappenjongen die toevallig op dat moment langskomt. Marías ontdekt dat allemaal terwijl hij het opschrijft. Door analyse en associatie van motieven wordt het verhaal op het juiste spoor gezet. De beginscène bevat in de kiem de hele geschiedenis, al had die geschiedenis ook heel anders kunnen lopen.

Een mooi voorbeeld om Marías' werkwijze te illustreren bevindt zich verderop in de roman. Tijdens een bruiloft neemt een vader zijn pasgetrouwde zoon terzijde. Voor de vader begint te spreken probeert de zoon zijn gevoelens te peilen. Wat zal de vader zeggen? Zou hij X of zou hij Y? Marías identificeert zich met de zoon en formuleert hypothesen. Daardoor ontdekt hij dingen die hij zelf nog niet wist: hij begint te zien dat de vader oud geworden is, hij ziet voor het eerst zijn angst en verdriet. Hij probeert daar een verklaring voor te vinden, denkt aan de moeder, aan het verleden van de vader, enzovoorts.

De titel *Een hart zo blank* is ontleend aan Shakespeares *Macbeth*. Marías analyseert in zijn roman gedetailleerd de plot en de literaire motieven van dit toneelstuk en laat die op zijn eigen verhaal inwerken, waardoor vanzelf weer nieuwe mogelijke betekenissen ontstaan. Ook autobiografische gegevens worden in de constructie gebracht (Marías' werk als vertaler bij internationale organisaties) en zelfs het dagelijkse toeval wordt geïntegreerd: als de auteur zich wat ziekjes voelt bij het opschrijven van een scène, wordt ineens ook het personage misselijk, wat op zijn beurt misschien een onverwachte wending aan het verhaal geeft. Meestal verdwijnen die autobiografische en 'aleatorische' elementen spoorloos in de tekst en worden ze als dusdanig door niemand meer herkend, maar voor de creatie van het verhaal waren ze doorslaggevend.

Marías' methode is erop gericht verrassingsvolle literatuur op te leveren, niet in de eerste plaats voor zichzelf. Voor de lezer die *Een hart zo blank* al kent, komt *Denk morgen op het slagveld aan mij* echter niet meer als een verrassing. Het creatieve procédé is hetzelfde, de uitwerking nauwelijks verschillend. Opnieuw is het uitgangspunt de eerste zin: 'Geen mens staat er ooit bij stil dat het kan gebeuren dat hij plotseling een dode vrouw in zijn armen houdt en dat hij het gezicht van haar, van wie hij zich de naam herinnert, niet meer zal zien'. De man wie dit overkomt, blijkt Victor Francés te heten en is een gescheiden scenarioschrijver. Op een avond wordt hij uitgenodigd bij Marta, een getrouwde vrouw met echtgenoot-op-zakenreis, maar nog vóór het geplande liefdesspel wordt Marta onwel en sterft. Opnieuw neemt Marías uitgebreid de tijd om de situatie te beschrijven. Hij doet dit speculerend, in de hoop dat er iets te ontdekken valt dat het verhaal verder helpt. Omdat hij nood heeft aan meer personages, voegt hij er terstond een paar toe: het zoontje van Marta dat in de kamer ernaast ligt te slapen, de echtgenoot die net gebeld heeft uit Londen, mannenstemmen op het antwoordapparaat, buren die misschien iets gezien of gehoord hebben.

Marías gaat uit van een proefopstelling. Stel: je geliefde van één nacht sterft in je armen. Wat te doen? Eén mogelijkheid is de buitenwereld waarschuwen. Dat kan de politie zijn, een arts, een buur, de echtgenoot, een familielid, vriend of vriendin van de overledene. Mogelijkheid twee: je houdt alles verborgen (je blijft bij de dode Marta, je wist de sporen uit en vertrekt, je neemt het zoontje mee of laat hem achter). Marías laat zijn personage kiezen, maar niet na de lezer 'het prachtige rijk der mogelijkheden' (de term is van Carlos Fuentes) te hebben voorgehouden. Een groot deel van de roman is in de potentialis geschreven: Victor Francés *zou* dit of dat *kunnen* doen en daar zou dan dit of dat uit kunnen volgen. Veelgebruikte woorden zijn 'misschien', 'wellicht' en 'indien'. Victor Francés mediteert ook langdurig over wat er gebeurd zou zijn als hij maar dit of dat *gedaan zou hebben*: hij torst niet alleen de gerealiseerde, maar ook de niet-gerealiseerde mogelijkheden uit het verleden met zich mee. Het personage wordt zelfs zozeer door de veelheid aan mogelijkheden overstelpt dat hij niet meer aan handelen toekomt. *Denk morgen op het slagveld aan mij* is virtuele literatuur: alles gebeurt alleen nog maar in het hoofd van het personage. Op dezelfde manier droomt de auteur zijn verhaal.

Deze bewerkelijke creatieve methode gaat samen met een doorwrochte, trage en zeer descriptieve stijl. Marías wil alles voorzien en beschrijven en het liefst nog doet hij dat in lange stapelzinnen met eindeloze bijbepalingen en uitweidingen tussen ronde haakjes. De beschrijvingen zijn repetitief en bezwerend: in plaats van het enige juiste woord gebruikt de auteur vaak verschillende synoniemen naast elkaar en laat hij de lezer in zijn plaats kiezen. De kunst van Marías is zowat het tegendeel van een understatement en leunt dicht aan bij de groteske. De kleinste observaties en de geringste handelingen krijgen door het gemier in het brein van Victor Francés haast metafysische proporties. Omgekeerd blijkt de dood van de vrouw, in wezen toch een verheven en tragische gebeurtenis, slechts een aanleiding voor lange mijmeringen over banale onderwerpen zoals het dichtknopen van schoenveters of het verplaatsen van een asbak op een tafel. Het gevoel van vervreemding dat dit procédé met zich meebrengt, is typerend voor het voortdurende besef van irrealiteit, het bewustzijn dat het leven een droom is waaruit we vroeg of laat ontwaken. De wereld van Victor Francés is een autistische schijnwereld, maar dat zal hij pas helemaal op het eind ontdekken. Inmiddels weet de lezer wel beter.

De eerste roman van Marías die vertaald werd, *Een man van gevoel*, begint aldus: 'Ik weet niet of ik jullie mijn dromen zal vertellen. Het zijn oude, verouderde dromen die meer passen bij een puber dan een burger. Ze zijn rijk geïllustreerd en tegelijk exact, een beetje traag maar zeer kleurrijk, dromen die gedroomd zouden kunnen worden door een verwaande, maar in wezen simpele ziel, een zeer methodische ziel. Het zijn dromen die op den duur een beetje gaan vervelen, omdat degene die ze droomt altijd vóór de ontknoping ontwaakt, alsof de kracht van de droom zichzelf had uitgeput in het verbeelden van bijzonderheden, zonder acht te slaan op het resultaat, alsof het dromen zelf de enige nog volmaakte activiteit zonder doel was. Ik ken dus het einde van mijn dromen niet, en het kan onbehoorlijk zijn om ze te vertellen zonder er een conclusie of moraal aan te verbinden'. De twijfel aan het nut van de vertelling, de verveling, de droom als volmaakte activiteit zonder doel, de onwetendheid over de afloop van het verhaal: het zijn typische Marías-motieven.

Ook tijdens de vele interviews die hem afgenomen zijn sinds het succes van *Een hart zo blank* herhaalt Marías deze motieven. Telkens weer stelt hij dat het succes hem overkomt en dat hij niet snapt wat mensen in zijn boeken zien. Ook die boeken zelf zijn hem letterlijk 'overkomen': hij schrijft immers niet met voorbedachten rade. Bij dergelijke opmerkingen moet men echter op zijn qui-vive zijn: schreef ook Cervantes al niet dat hij deel twee van zijn *Don Quichot* inderhaast had opgeschreven en dat er niet veel verdienste aan was? Bij nader toezien blijkt dat deel echter uitstekend in elkaar te zitten. Ook de romans van Marías blijken achteraf gezien zeer goed geconstrueerd te zijn. Schreef de auteur dan toch met een plan?

Antonio Muñoz Molina (°1956)

Het oeuvre van Antonio Muñoz Molina staat volledig in het teken van de herinnering. Vooral in de roman *Ruiter in de storm* (1991) neemt het literaire herinneringsproces haast proustiaanse allures aan. Vanuit een hotelkamer in New York probeert de verteller het leven in zijn Andalusische geboortestad Mágina te reconstrueren (min of meer geënt op de Zuid-Spaanse stad Ubeda). Hij doet dit aan de hand van het dubbele, aan Proust ontleende procédé van de *mémoire involontaire* en de *mémoire volontaire*. Het typevoorbeeld van de onvrijwillige of onwillekeurige herinnering is de beroemde scène met het madeleinekoekje in het eerste deel van *A la recherche du temps perdu*. De geur en de smaak van een madeleine gedrenkt in thee brengen bij de verteller, zonder dat die daarop voorbereid was, een verloren gewaande wereld weer naar boven. Nu zijn dergelijke toevallige sensaties zeer zeldzaam en bieden ze de schrijver onvoldoende stof voor een complete herinneringsroman. Daarom hanteert hij ook de techniek van de *mémoire volontaire*: het systematische aftasten van het geheugen, het vrijwillig op gang brengen van een stroom associaties aan de hand van een reeks souvenirs. In *Ruiter in de storm* gebruikt Muñoz Molina familiekiekjes, oude tijdschriften en boeken, schilderijen, erfstukken, achtergebleven prullaria... Al deze souvenirs zitten opgetast in een hutkoffer, waaruit de verteller naar believen kan putten. Deze objectieve resten van het verleden zijn echter slechts impulsen voor de creativiteit van de auteur. Misschien is geschiedenis meer een product van de creatieve verbeelding dan van de passieve herinnering. Literatuur is maakwerk. De naam *Mágina* is niet toevallig een afkorting van het Spaanse woord *i-magina-ción* (verbeelding). Ook *imagen* (beeld) en *magia* (magie) zitten anagrammatisch in het woord.

Wat *Ruiter in de storm* tot een elocutie-roman maakt is dat de verbeelding loskomt tijdens en *door* het schrijven zelf. Onvermijdelijk moet hier de naam van Jorge Semprún vermeld worden, al zullen weinigen spontaan Semprún en Muñoz Molina met elkaar in verband brengen. Ze behoren immers tot een verschillende generatie: Semprún is een typische vertegenwoordiger van de 'politieke tijd', Muñoz Molina een schrijver van de apolitieke generatie die na 1975 op het voorplan trad. Semprún schreef bovendien al zijn boeken in het Frans, met uitzondering van de politieke afrekeningsroman *Autobiografía de Federico Sánchez* (1977). Strikt genomen valt hij dus buiten het corpus. Semprúns herinneringstechnieken zijn echter te opvallend om er niet naar te verwijzen. Net als Muñoz Molina beoefent hij een kunst van het geheugen (een *art de la mémoire* zoals hij het met een term van Milan Kundera noemt). Op het eerste gezicht lijken Sempráns autobiografieën een stuk authentieker, omdat zijn leven onloochenbaar tot de Geschiedenis van de Twintigste Eeuw behoort: eerst was hij gevangene in Buchenwald, later maakte hij aan den lijve de grote illusie van het communisme mee. De gebeurtenissen waar Muñoz Molina het over heeft, zijn veel moeilijker wetenschappelijk te controleren omdat ze tot de privésfeer van de auteur behoren of tot de onbelangrijke anekdotiek van een kleine stad. Nu kan men Sempráns boeken niet zomaar herleiden tot hun *testimonio*-gehalte of hun politieke portee. Hij maakt wel degelijk gebruik van de technieken van de *mémoire (in)volontaire* (zijn meest expliciet-proustiaanse roman is *De tweede dood van Ramón Mercader* (1969)), waardoor zijn getuigenis haar eenduidigheid verliest en een artistieke tekst wordt. De geschiedenis ligt niet zomaar voor het oprapen, maar moet met literaire middelen geconstrueerd worden. In de praktijk geeft dat bij Semprún een mengeling van dispositie en elocutie: de auteur probeert zijn herinneringen in een zinvol verhaal te ordenen (dispositie), maar merkt tegelijk dat zich tijdens het schrijven nieuwe, vaak pijnlijke herinneringen aandienen die zich helemaal niet meer laten ordenen (de effecten van de elocutie). Semprún roept voortdurend een verleden op dat hij tegelijk wil beteugelen en rationaliseren. In bijna al zijn romans, waaronder als laatste *Schrijven of leven* (1994), past hij daartoe een va-et-vient-procédé toe: het chronologische relaas van de feiten wordt permanent onderbroken door gedachtenassociaties en flarden uit de herinnering. De sempruniaanse uitweiding of digressie lijkt aldus een literaire techniek om het geheugen te activeren. Ze heeft echter ook een andere, tegengestelde werking, namelijk de herinnering onder controle houden. Daarom zijn deze digressies altijd betrekkelijk kort: nauwelijks heeft Semprún het verleden opgeroepen of hij dwingt zichzelf terug te keren naar het oorspronkelijke verhaal, net alsof hij wil verhoeden dat de herinneringen de overhand krijgen. Die controlerende, op overzichtelijkheid gerichte manier van schrijven is bij

Semprún niet alleen van literaire, maar ook van therapeutische aard: de herinnering is in zijn geval vaak al te pijnlijk. Hij weet dat er plaatsen zijn die hij moet vermijden als hij het leven draaglijk wil houden. Het verleden is slechts bij kleine porties hanteerbaar. In vergelijking met het leven van Semprún is dat van Muñoz Molina van een ongehoorde saaiheid en banaliteit, typisch waarschijnlijk voor de hele naoorlogse generatie. De vraag is alleen of dat voor de literatuur veel uitmaakt: ook bij Semprún valt de nadruk uiteindelijk op de artistieke constructie veeleer dan op de authenticiteit van de herinneringen. Beide auteurs concentreren zich op het uitzetten van lijnen en motieven op de manier van de *mémoire volontaire* en willen op de eerste plaats een kunstwerk maken.

Wat *Ruiter in de storm* verschillend maakt van *Schrijven of leven* is dat ook het uitgangspunt (en niet alleen het eindresultaat) een bij uitstek esthetische ervaring is. Op een dag stond Muñoz Molina in de West Gallery van de Frick Collection in New York voor het legendarische doek 'De Poolse ruiter' van Rembrandt (of in elk geval uit de school van Rembrandt). Plotseling werd de schrijver getroffen door een zogenaamd 'contrapunt in de tijd'. Zo bevindt hij zich aan het eind van de twintigste eeuw in New York, zo waant hij zich in het zeventiende-eeuwse Holland of in het imaginaire kader van een schilderij. Hij ziet 'De Poolse ruiter' en hoort in zijn walkman de stem van Jim Morrison die *Riders in the Storm* zingt. Twee totaal anachronistische ruiters ontmoeten elkaar in de virtuele ruimte. Deze bijzondere tijdservaring is bovendien een synesthesie of mengeling van zintuigelijke gewaarwordingen. Waren het bij Proust de smaak en de geur die de herinnering losweekten, bij Muñoz Molina zijn het zicht (het schilderij) en het gehoor (de popsong) gelijktijdig werkzaam. De originele Spaanse titel luidt overigens *El jinete polaco*, de picturale ruiter van Rembrandt dus, niet de auditieve van Morrison.

In zijn roman werkt Molina voortdurend met scherpe temporele en andere contrasten. Hij maakt reizen tussen onverenigbare werelden, tussen de moderne grote stad New York en het premoderne Andalusische stadje Mágina, tussen asfalt en mest.

Bestanddelen die op het eerste gezicht niet bij elkaar passen, worden gemengd. Dat geldt overigens ook voor stijlen en registers: lyrische passages wisselen af met stukken innerlijke monoloog, thriller-achtige fragmenten met dagboekstijl. Muñoz Molina heeft naar eigen zeggen een *novela de mestizaje* willen schrijven: een roman die net als een mesties (een afstammeling van een blanke vader en Indiaanse moeder, of omgekeerd) het product is van multiculturele invloeden, een vermenging van tegengestelden.

Ook in *Prins der duisternis* (1989), Molina's debuut in het Nederlands, wordt een spel met reminiscenties en herinneringen opgezet, zij het minder vernuftig dan in *Ruiter in de storm*. Het verhaal speelt zich af tijdens de Koude Oorlog. In 1962 krijgt kapitein Darman van zijn Organisatie (die sterk lijkt op de Spaanse Communistische Partij in ballingschap) de opdracht een verrader uit te schakelen. Darman reist met tegenzin naar Madrid omdat hij zich herinnert dat hij zestien jaar eerder een gelijksoortige opdracht kreeg die toen slecht afgelopen is. Het verhaal van 1962 wordt voortdurend doorbroken door onverhoedse verwijzingen naar 1946. Het verleden lijkt te herleven in het heden. Door dit procédé doet deze roman sterk denken aan het werk Semprún, bijvoorbeeld aan *Netsjajev is terug* (1987). Semprún ontleende zijn Netsjajev-figuur aan Dostojevski en Albert Camus, Muñoz Molina verwijst in zijn Spaanse titel naar het middeleeuwse ridderverhaal *Amadís de Gaula*: 'Beltenebros' is de naam die Amadís aanneemt wanneer hij zich verraden voelt. Zowel Semprúns als Molina's roman blinken uit in hun sterke geconstrueerdheid.

Winter in Lissabon (1987) wordt op de flaptekst van de Nederlandse vertaling een 'literaire thriller' genoemd. Het is dan echter wel een heel andere thriller dan die van Arturo Pérez-Reverte. De plot is niet bijzonder belangrijk, er is geen vlug actieverloop, suspense ontbreekt. *Winter in Lissabon* is ook geen detective of whodunnit in de Agatha Christie-betekenis van het woord, maar meer een misdaadroman of *novela negra*. Het is er Muñoz Molina niet om te doen de dader te ontmaskeren, wel om een sfeerbeeld te geven van het leven aan de rand van de maatschappij. In de onderwereld zijn er grote en kleine gangsters, maar bijna iedereen heeft wel een of andere misstap op zijn geweten. Muñoz Molina citeert herhaaldelijk uit de *film noir* (met personages à la Humphrey Bogart en Lauren Bacall) en probeert de expressionistische clair-obscur-effecten van die film in taal om te zetten. Ook de jazz is prominent aanwezig: *Winter in Lissabon* biedt dus niet de spanning van een thriller maar het luie ritme van blues-muziek, niet een verstandelijk op te lossen raadsel, maar een sfeer van existentieel fatalisme.

Het begin van de roman gaat als volgt: 'Ik had Santiago Biralbo bijna twee jaar niet gezien, maar toen ik hem op een nacht weer tegenkwam, aan de bar van de *Metropolitano*, begroetten we elkaar zo terloops dat het leek of we gisteravond nog samen hadden zitten drinken, niet in Madrid, maar in San Sebastián, in de kroeg van Floro Bloom, waar hij een tijdlang had opgetreden'. De verteller blijft gedurende de hele roman op de achtergrond; het enige wat hij doet, is proberen het leven van Biralbo te reconstrueren. In het begin weet hij zo goed als niets: 'Tussen San Sebastián en Madrid was zijn biografie een blanco pagina, met daarop de naam van slechts één stad, Lissabon, met de data en plaatsen van enkele plaatopnamen'. Op basis van een paar vage namen (een vrouw: Lucrecia, een stad: Lissabon, een schilder: Cézanne, een schip: de Burma...) ontwikkelt hij nu een verhaal. Brokjes bij beetjes wordt de blanco biografie ingevuld (elocutie). Zo blijkt dat ook de karakters van de personages niet vanaf het begin vastlagen: naarmate het verhaal vordert, worden ze steeds complexer en ondoorgrondelijker. Het raadsel raakt niet opgelost, maar wordt alleen groter. Dat geldt ook voor het mysterie van de tijd: verleden (San Sebastián) en heden (Madrid) lopen voortdurend door elkaar en zijn niet altijd duidelijk van elkaar te scheiden.

5. Postmoderne romans

Bernardo Atxaga (°1951)

Dat de kunstenaar koste wat kost origineel moet zijn, is een romantische opvatting. In de romantiek ging men er inderdaad van uit dat de artiest als uitzonderlijk individu buiten de gemeenschap staat of minstens aan de rand ervan. Het wezen van het kunstenaarschap is het genie, dat niets te maken heeft met intelligentie, wilskracht of studies maar met een geheimzinnige bevlieging die we bij gebrek aan een betere term maar 'inspiratie' noemen. Volgens Bernardo Atxaga is deze romantische inblazing geen werkbaar begrip meer voor moderne kunstenaars. Zelf wil Atxaga graag de cultus van het genie, met in het centrum de *poète maudit* of dichter-zelfmoordenaar, vervangen zien door het arbeidsprincipe: transpiratie in plaats van inspiratie. Atxaga beschouwt de romantiek als een dwaling. Al te lang heeft men gedaan alsof de literatuur louter uit een paar Grote Schrijvers zou bestaan. Atxaga omschrijft zichzelf daarentegen niet als een verheven kunstenaar, maar als een bedreven vakman. In de literatuur is iedereen autodidact: men leert de kneepjes door veel te lezen en te spieken van voorgangers. Wat zijn de zeven manieren om een verhaal te beginnen? Hoe laat je een personage op een geloofwaardige manier een kamer binnenstappen en op een stoel plaatsnemen? Hoe bouw je spanning op?

Leren doe je door het imiteren van voorbeelden. Dat slaat volgens Atxaga niet alleen op verteltechnieken, maar ook op thema's en motieven. Waarom zou je zoeken naar een origineel verhaal als er in de literatuur al zoveel prachtige anekdoten beschikbaar zijn? Atxaga maakt er geen geheim van dat hij van andere schrijvers steelt. Niet het thema moet origineel zijn, maar de behandeling ervan. Dat heeft te maken met concrete taal, met een specifieke opeenvolging van woorden, met het ritme van de zinnen. Een goed vakman herkent men aan de vorm en afwerking van zijn producten.

Atxaga's succesroman *Obabakoak of Het ganzenbord* (1989) is geconstrueerd volgens de principes van imitatie en variatie. Zo vindt men er het alombekende verhaal van de koopmansknecht die van Bagdad naar Ispahan vlucht omdat hij 's ochtends op de markt de Dood tegen het lijf loopt. Als de koopman aan de Dood vraagt waarom hij zijn knecht schrik aangejaagd heeft, antwoordt die: 'Ik was alleen verbaasd dat ik 's morgens in Bagdad de man zag die ik 's avonds moest halen in Ispahan'. In de Nederlandse

literatuur kennen we dit verhaal uit de bewerking van P.N. van
Eyck, 'De tuinman en de dood'. Atxaga heeft de anekdote op verschillende plaatsen aangetroffen, onder andere in een bloemlezing
van Jorge Luis Borges. Het gaat dan ook om een zogeheten 'onster-
felijk verhaal' dat niet aan één auteur kan toegeschreven worden,
maar in alle literaturen ter wereld opduikt, vaak gelijktijdig en
onafhankelijk van elkaar. De inhoud is anoniem; alleen de vorm is
eigendom van de auteur. In *Obabakoak* voegt Atxaga een
Baskische versie toe aan de bestaande bewerkingen, maar hij doet
nog iets meer: hij verzint namelijk een nieuw einde aan het verhaal. Wat gebeurt er 's avonds in Ispahan, als de Dood en de
knecht van de koopman elkaar ontmoeten?

Het is niet toevallig dat Atxaga zijn vondst bij Borges gedaan
heeft. Borges had er een handje van weg om onsterfelijke verhalen
op te sporen. Een deel ervan nam hij op in bloemlezingen, de meeste heeft hij gewoon geïmiteerd en onherkenbaar gemaakt. Borges
was er namelijk net als Atxaga van overtuigd dat de individuele
auteur het altijd moet afleggen tegen de wereldliteratuur. Het is nut-
teloos een nieuw verhaal te willen verzinnen, je kunt alleen proberen het ánders te vertellen. Deze opvatting biedt ruimte aan een
beperkte, formele vorm van originaliteit. Borges is dan ook de anti-
romantische schrijver bij uitstek. Atxaga volgt hem in deze houding,
maar neemt niet alle metafysische consequenties ervan over. In de
Nederlandse literatuur moet hier de naam vallen van Paul Claes.
Ook Claes gaat uit van het idee dat alles al eens gezegd is en dat een
schrijver veel miskleunen kan vermijden als hij zich daarvan bewust
is. De poëtica van Claes gaat dan ook terug tot klassieke en dus
preromantische auteurs als Catullus, Horatius en Dante.

Ook een begenadigd verteller als García Márquez zegt dat hij
eigenlijk niets nieuws bedacht heeft: elke anekdote uit zijn oeuvre
heeft hij van horen zeggen. Márquez heeft uren zitten luisteren
naar de verhalen van zijn grootmoeder en van de dorpelingen in
Aracataca, waar hij opgroeide (het Macondo van zijn boeken).
Wat de verhalen van Márquez zo bijzonder maakt, is dan ook niet
de anekdotiek op zich, hoe wonderlijk die ook is, maar de cohe-
rentie waarmee die tot literatuur is bewerkt.

Ook in Baskenland wordt de mondelinge traditie in ere gehouden, misschien meer dan in andere streken van Spanje. De
geschreven literaire traditie is er in elk geval zeer beperkt.
Het heeft bijvoorbeeld tot 1968 geduurd voor taalkundigen erin slaagden het
standaard-Baskisch te ontwikkelen. Tot dan toe bestond er slechts
een viertal belangrijke dialecten, met veel onderlinge verschillen.
Atxaga maakt in *Obabakoak* gebruik van deze mondelinge traditie
en vermengt die met een aantal bekende en minder bekende verhalen uit de wereldliteratuur. In tegenstelling tot Márquez creëert
hij echter geen coherente wereld. Het boek is discontinu: verhalen
staan naast elkaar zonder dat er altijd een duidelijk verband is.
Soms is dat verband niet meer dan een klein motiefje. Atxaga heeft
dan ook gewerkt volgens het principe van de aleatoriek (het laten
meespelen van het toeval bij de schepping van een kunstwerk, een
typisch elocutie-procédé): 'Laat de schrijver de geschiedenissen die
het toeval bijeengebracht heeft, niet scheiden'. 'Ik heb dit boek
opgevat als een ruimte waarbinnen verschillende personages rondlopen die elk hun eigen verhaal te vertellen hebben. Dit boek is als
een dorp of een wereld, waarin in de ene hoek een jongetje zijn
verhaal vertelt en ergens anders een man droomt van een vrouw.
En die verhalen beïnvloeden elkaar en spelen op elkaar in, zelfs
onbewust'.

Doordat de auteur weigert een coherente wereld te scheppen,
wordt de lezer met zijn neus op het feit gedrukt dat het hier slechts
om fictie gaat, om pure verzinsels: zelfs de illusie van eenheid ontbreekt. *Obabakoak* is in die zin een veel programmatischer boek
dan *Honderd jaar eenzaamheid*. Het bevat ook een aantal meer
essayistische stukken, waarin de auteur bijvoorbeeld een alternatieve theorie van het plagiaat ontwikkelt of waarin hij uitlegt hoe
men een verhaal schrijft in vijf minuten ('Om een verhaal in maar
vijf minuten te schrijven moet u – naast de traditionele pen en het
witte papier natuurlijk – een heel klein zandlopertje zien te
bemachtigen. Dit zal u op gepaste wijze zowel het voortgaan van
de tijd als de ijdelheid en zinloosheid van de dingen des levens
voorhouden; met name, derhalve, van de concrete inspanning die
u op dat moment levert'). Atxaga's *Obabakoak* is een boek dat

gedeeltelijk ook zichzelf tot onderwerp heeft en is daarom een stuk ironischer dan de meeste romans van Márquez. Misschien is ook dit programmatische aspect van *Obabakoak* verantwoordelijk voor het succes bij literaire critici, die vaak niets liever doen dan uitleggen wat er al staat.

Een andere reden voor het succes is ongetwijfeld de uitzonderingspositie van de roman binnen het literaire landschap. Er worden tamelijk weinig romans in het Baskisch geschreven: tot voor kort bestond er in die taal alleen een lyrische traditie; het proza bleef meestdeels beperkt tot folkloristische onderwerpen. Atxaga heeft als een van de eersten het standaard-Baskisch gebruikt voor het schrijven van een moderne roman. Bij gebrek aan goede voorbeelden heeft hij voor een stuk zijn eigen taal moeten uitvinden. Hoe construeert men bijvoorbeeld een dialoog in het Baskisch? Wie in het Castiliaans schrijft, heeft duizenden voorbeelden uit de literatuur tot zijn beschikking. Een auteur in het Baskisch moet voortdurend ad-hoc-oplossingen zoeken. Die moeilijkheid kan echter ook een voordeel blijken, omdat zij de schrijver als het ware dwingt tot creativiteit, net zoals repressie en censuur soms tot listige literatuur leiden.

Atxaga heeft in interviews aangegeven dat hij ondanks alles niet de slaaf van het Baskisch wil zijn. Een schrijver die zich de wet laat dicteren door de taal of de literaire traditie van zijn streek, vervalt onvermijdelijk tot provincialisme. Vooral voor Basken is dat een grote verleiding, omdat hun taal historisch gezien zo uitzonderlijk is. Het Baskisch is zowat de enige taal in West-Europa die zowel de Indo-europese als de Romaanse golf overleefd heeft. De verleiding van het isolationisme is dan ook groot. Atxaga mikt echter op universele communicatie: dat *Obabakoak* in het Baskisch geschreven is, zou in principe niet veel mogen uitmaken. Ook een Fries of een Bosniër moeten zich in die wereld kunnen herkennen.

Opvallend is dat *Obabakoak* zich eigenlijk nauwelijks in een herkenbaar Baskenland afspeelt. Het hele middendeel van het boek is zelfs gelokaliseerd in het Castiliaanse stadje Villamediana, letterlijk 'de gemiddelde stad'. Ook Obaba is op de landkaart niet terug te vinden: het is een imaginaire ruimte waar Atxaga zijn dierbaarste herinneringen op projecteert, net wat Mágina voor Antonio Muñoz Molina of Macondo voor García Márquez zijn.

Intermezzo in Numantia

Obabakoak is door de kritiek wel eens een postmoderne roman genoemd. Daarbij wordt dan verwezen naar Atxaga's opvatting dat alles al eens eerder geschreven is. De hele literatuurgeschiedenis bestaat uit constante herschrijvingen van oeroude verhalen, uit een eeuwige recycling van mythen en archetypen. De postmoderne auteur weet dat hij zich in een universum beweegt dat al door en door verliteraturiseerd is. De wereld is een bibliotheek, het leven een door verhalen gevormd fenomeen. De postmoderne kunstenaar is dan ook op de eerste plaats iemand die leest, citeert, zelfs plagieert: hij neemt mee wat hij op zijn weg aantreft en maakt daar een collage van. Tegelijk is postmoderne literatuur per definitie ironisch: de auteur is namelijk volledig doordrongen van het besef dat literatuur 'slechts' literatuur is en geen recht heeft op een ontologisch statuut. Die ironie was al kenmerkend voor veel modernistische geschriften, die het vermogen van het subject om zichzelf en de wereld te kennen ter discussie stelden, maar wordt door de postmodernen radicaal doorgetrokken.

Het is echter niet mijn bedoeling een theorie van het literaire postmodernisme te ontwerpen. In de literatuur is het postmoderne ook veel moeilijker te herkennen dan bijvoorbeeld in de architectuur. Daar staat het modernisme voor de esthetica van het strakke functionalisme, gericht op maximale economie van architecturale middelen. Postmodernisme staat dan weer voor een herwaardering van ornamenten en stijlcitaten. In de literatuur valt het modernisme veel moeilijker te omschrijven, onder meer omdat er zo'n grote verschillen zijn al naargelang het taalgebied: het Spaanse *modernismo* is bijvoorbeeld het Engelse *Modernism* niet. Volgens de chauvinistische Octavio Paz zijn de beide termen *modernismo* en *postmodernismo* afkomstig uit de Spaans-Amerikaanse poëzie en zijn ze later door de rest van de wereld geannexeerd. Het *modernismo* wordt vertegenwoordigd door de Nicaraguaanse dichter Rubén Darío (1867-1916) en staat zeer dicht bij het symbolisme;

het *postmodernismo*, met als beste voorbeeld de Argentijn Leopoldo Lugones (1874-1938), is strikt genomen geen nieuwe stroming, maar een tweede fase van het *modernismo* en houdt een versobering in ten opzichte van het exuberante estheticisme van de beginjaren. Het *postmodernismo* is minder retorisch en minder ornamenteel dan het *modernismo*: het omgekeerde dus van wat in de architectuur onder die termen verstaan wordt.

De term 'postmodern' wordt ook vaak gebruikt als periode-begrip. In die zin behoren álle hier besproken romans tot het postmodernisme. In zijn overzichtswerk *Moderne Spaanse en Spaans-Amerikaanse literatuur* neemt Maarten Steenmeijer een tussenpositie in. 'Postmodern' omvat zowel een periode (globaal genomen de literatuur vanaf de jaren zestig) als een geheel van kenmerken. Zijn volgens Steenmeijer postmodern: Mendoza ('de vervaging van de grenzen tussen hoge en lage kunst'), Millás ('een postmodernis-tisch labyrint vol spiegeleffecten, verdubbelingen, verhalen-in-verhalen en gedaanteverwisselingen'), Marías ('het nadrukkelijk artificiële, talige karakter van diens werkelijkheid'), Muñoz Molina ('de onduidelijke ontologie van het gerepresenteerde verleden en de grote dichtheid aan verwijzingen naar literatuur, film, schilder-kunst en muziek'). Eerder in zijn studie had Steenmeijer ook de Franse *nouveau roman*, Juan Goytisolo (in *De wraak van don Julián*) en de Spaanse dichtersgeneratie van de *novísimos* als post-modern bestempeld. De grote voorbeelden komen echter uit Latijns-Amerika: Borges voorop (in weerwil van wat Robert Lemm hierover denkt), maar eigenlijk alle *boom*-schrijvers én de auteurs van de zogenaamde 'nieuwe historische roman' zoals de Argentijn Abel Posse (°1934) en de Mexicaan Homero Aridjis (°1940).

Om de wildgroei aan namen en kenmerken wat tegen te gaan, beperk ik me bij het gebruik van de term 'postmodern' tot de vol-gende definitie: het tweedehandse gebruik van literatuur in de vorm van citaten, herschrijvingen en variaties op bekende thema's, aangevuld met een doorgedreven zelfreflectie over het fictionele wezen van het kunstwerk.

In de Spaanstalige literatuur kan men hoe dan ook niet om het oeuvre van Carlos Fuentes heen. Om een roman te lezen als

Terra Nostra of verhalen als die van *Apollo en de hoeren*, dient
men eigenlijk op de hoogte zijn van de hele Mexicaanse en
Spaanse literatuur. Om maar een voorbeeld onder vele te noemen: in zijn verhaal 'De twee Numantia's', opgenomen in de
eerder vermelde bundel *Apollo en de hoeren* (1993), herschrijft
Fuentes een toneelstuk van Cervantes, dat op zijn beurt een her-
schrijving inhoudt van de Romeinse historische werken van
Appianus, Polybius en Cicero. Uitgangspunt is het beleg van
Numantia. In het jaar 133 vóór Christus was bijna heel Hispania
veroverd op de Iberiërs. Alleen Numantia, een vesting in de
buurt van waar nu Soria ligt, in het oosten van Castilië, hield
nog stand. Twintig jaar lang duurde het verzet tegen Rome.
Toen consul Scipio met zestigduizend soldaten de plaats omsin-
gelde, zagen de inwoners van Numantia geen andere uitweg dan
een collectieve zelfmoord en staken zelf de stad in brand. In zijn
verslag van de feiten legde de Romeinse historicus Cicero haast
vanzelfsprekend de nadruk op de militaire triomf van de over-
winnaars. In zijn pathetische toneelstuk *El cerco de Numantia*
(Het beleg van Numantia, 1582) geeft Cervantes dan weer een
Spaanse versie van de feiten en roemt de moed van de Iberiërs.
Carlos Fuentes tenslotte geeft een postmoderne versie, waarmee
ik bedoel dat hij op ironische wijze het feit van het herschrijven
zelf thematiseert. 'Numantia' wordt aldus een fabel over de literaire verbeelding die sterker is dan de geschiedenis: wat er *werkelijk* gebeurd is, weet niemand. Wij zijn te allen tijde aangewezen op schrijvers als Cicero of Cervantes die hun eigen, tegelijk
partijdige en onvolledige versie van de feiten geven. Op den
duur gaan die versies echter een eigen leven leiden en nemen wij
voor waargebeurd aan wat eigenlijk maar een interpretatie is.
Fuentes trekt dan ook de mogelijkheid van een objectieve
geschiedschrijving in twijfel: al wat wij hebben, is literatuur. De
enige geldige vorm van geschiedschrijving is literatuurgeschiedenis: herschrijvingen van een thema. Literatuur wordt daarmee
ook een geducht politiek wapen, want zij is als enige in staat
om de geschiedenis te legitimeren. Fuentes gaat op die manier
wel zeer ver in het verontologiseren van literatuur en heeft de

neiging haar belang te overschatten, veel meer dan Atxaga dat doet of Enrique Vila-Matas.

Enrique Vila-Matas (°1948)

Vila-Matas is de Spaanse auteur die zich met de meeste zin voor ironie in de literatuurgeschiedenis gestort heeft. Bekende titels van hem zijn *Voorbeeldige zelfmoorden* en *Dada uit de koffer* (1985). De ondertitel van dit laatste boek is in de Spaanse editie de hoofdtitel: *Beknopte geschiedenis van de draagbare literatuur*, een ironische knipoog naar Tristan Tzara's *Histoire portative de la littérature abrégée*. Met 'draagbaar' bedoelt de auteur: surrealistisch en dadaïstisch. Vila-Matas schetst een alternatieve geschiedenis van deze twee kunststromingen met voortdurende verwijzing naar het werk van André Breton, Paul Klee, Francis Picabia, Man Ray, Jacques Rigaut (directeur van het Algemene Zelfmoordbureau), Salvador Dalí en aanverwanten.

Eerder signaleerde ik al de invloed van de Europese surrealisten op Julio Cortázar. Ook zijn roman *Rayuela* is doorspekt met citaten van en verwijzingen naar deze artistieke traditie. Een literatuurgeschiedenis in strikte zin is *Rayuela* echter niet: Cortázar beroept zich op een alternatieve traditie in een poging om de starre denkpatronen van het westers rationalisme open te breken. Cortázar neemt het poëtische en politieke programma van de surrealisten over en hanteert ook hun artistieke methode: hij is dus geen geschiedschrijver, maar een medeplichtige. Het standpunt van Vila-Matas in *Dada uit de koffer* is een stuk ironischer: aan politiek doet hij sowieso niet meer (versus de 'revolutionaire' schrijver Cortázar), maar ook poëtisch is zijn verhouding tot de surrealisten ambiguer en afstandelijker dan die van Cortázar. Vila-Matas bekijkt de historische avant-garde veel meer als een geschiedschrijver, als de chroniqueur van iets wat onherroepelijk voorbij is. Cortázar situeerde zich in een continuïteit: hij probeerde de avant-gardestrijd in Latijns-Amerika voort te zetten. Vila-Matas daarentegen gebruikt de surrealistische sage als materiaal voor nieuwe, apocriefe verhalen. Het fictieve uitgangspunt is een samenzwering, georganiseerd door het genootschap der shandy's.

De naam die de shandy's zichzelf gegeven hebben, is een personage van Laurence Sterne, maar ook een populair Londens drankje op basis van bitter bier vermengd met limonade. Dit genootschap bestond zogenaamd van 1924 tot 1927 en had geen ander doel dan een geheim genootschap te zijn. De leden herkenden elkaar aan wachtwoorden en speciale tekens. Het waren vrijgezellen, maar in hun buurt hield zich altijd een femme fatale op. Ze hadden iets met Afrika, met het getal 27 en met dubbelgangers. Het waren verwoede verzamelaars, die van alles en nog wat catalogi en genummerde lijstjes bijhielden. Ze dompelden zich onder in hun werk en verkasten daarvoor desnoods naar een onderzeeër. En vooral: hun werk was draagbaar. Als handelsvertegenwoordigers van de kunst droegen ze in handige koffertjes hun complete oeuvre met zich mee. De 'draagbare geest' wordt volgens Vila-Matas gekenmerkt door lichtheid en speelsheid; de grootste vijand van de groep der draagbaren was Thomas Mann, *Großschriftsteller* bij uitstek, de ernst in persoon en schrijver van een oeuvre dat nog niet eens in een hutkoffer past.

Wat Vila-Matas aantrekt in de draagbaren, is hun vrijpostigheid: 'de expressie van een rebels, aanstootgevend, onvergankelijk Ik, dat zich opdringt door zich te tonen'. Peter Sloterdijk zou dit de 'kynische' geest noemen (in tegenstelling tot het veel frequenter voorkomende 'cynisme'). Tegelijk is Vila-Matas zich ervan bewust dat een dergelijke provocerende houding vandaag niet meer mogelijk is: het Ik is een koopwaar geworden en het gratuite gebaar wordt onmiddellijk door de commercie gerecupereerd, zoals Herbert Marcuse en met hem Vázquez Montalbán al wisten. In *De kinderen van het slijk* formuleert Octavio Paz het als volgt: 'De moderne kunst begint haar ontkennende kracht te verliezen. Al jarenlang zijn haar ontkenningen rituele herhalingen: de rebellie is een methode geworden, de kritiek retoriek, de overtreding plichtpleging. De ontkenning is niet langer creatief meer'. Wie als kunstenaar wil provoceren, maakt zichzelf belachelijk. De hedendaagse auteur kan alleen nog nog kan namen noemen, de symbolen van de provocatie oproepen, veeleer dan de provocatie zelf. Vila-Matas leent zijn shock-effect aan anderen. Hij combineert op eigenzinnige wijze elementen uit de avant-gardecultuur, maar is zelf geen avant-gardeschrijver meer. Zijn tweedehandse, ironische manier van schrijven is met andere woorden postmodern.

6. Vrouwen

Escritura femenina

In 1987 signaleerde Maarten Steenmeijer al de mode van de literatuur geschreven door vrouwen. Het klinkt een beetje raar: alsof dat iets nieuws of bijzonders zou zijn, alsof vrouwen al niet altijd literatuur schreven. De opmerking ruikt ook naar positieve actie en dus naar discriminatie: waarom moeten vrouwen in een apart vakje? Josefina Aldecoa kan inderdaad evengoed bij de *testimonio*-literatuur ondergebracht worden, Rosa Montero bij de *desencanto*-literatuur, Adelaida García Morales bij de *Gothic Novel*, enzovoorts. En waarom dan geen speciale categorie voorzien voor auteurs die ten zuiden van Guadalajara wonen, niet-rokers en joggers? Of bestaat er dan echt zoiets als vrouwenliteratuur?

Een felle tegenstandster van de *escritura femenina* (de term is van de Franse theoretica's Hélène Cixous en Luce Irigaray, maar wordt hier in algemene zin gebruikt), is Soledad Puértolas. Volgens deze romancière, van wie ten onrechte nog niets in het Nederlands vertaald is, heeft kunst niets met sekse te maken. Bestaat er dan misschien zoiets als een typische mannenliteratuur? Of worden mannelijke kunstenaars per se minder door hun geslacht bepaald? Zijn zij uit zichzelf universeler? Volgens Puértolas is het gewoonweg fout om een classificatie of kwalificatie van kunst te maken op basis van kunst-externe omstandigheden. Zij ziet in de apologie van de *escritura femenina* zelfs een nieuwe poging om muren te bouwen rond individuele schrijfsters: het zicht op hun creatieve werk wordt erdoor ontnomen. Alsof vrouwen alleen maar als vrouwen mogen schrijven, alsof 'de' vrouw überhaupt zou bestaan.

Een mogelijke reden om desondanks tóch van een specifieke vrouwenliteratuur te spreken is van editoriale en publicitaire aard. Wie er de catalogi van uitgeverijen op naslaat en de toptien van *libros más vendidos*, zal merken dat er wel degelijk op basis van de sekse alleen aan groepsvorming gedaan wordt. Een voorbeeld onder vele andere: het boek *Madres e hijas* (Moeders en dochters), een bescheiden bestseller in het voorjaar van 1996, is een bloemlezing samengesteld door Laura Freixas met bijdragen van Spanjes bekendste veertien schrijfsters, van Carmen Laforet tot Almudena Grandes en van Rosa Chacel tot... Soledad Puértolas! Het idee voor een boek als *Madres e hijas* komt toch wel zeer dicht bij de ideologie van de *escritura femenina*: wat is er meer *femenina* dan veertien vrouwen een verhaal te laten schrijven over een typische vrouwenrelatie als de moeder-dochter-band? Ik neem aan dat dit boek vanuit marketing-oogpunt uitsluitend voor lezeressen · bestemd was.

Een ander recent voorbeeld van een typisch vrouwenboek is Rosa Montero's *Historias de mujeres* (Vrouwengeschiedenissen, 1996): vijftien portretten van vrouwen die het in hun leven moeilijk gehad hebben, onder wie George Sand en de Mexicaanse schilderes Frida Kahlo. Heel vaak ook komen in romantitels van vrouwelijke auteurs verwijzingen voor naar hun seksebepaaldheid: *Modelos de mujeres* (Vrouwenmodellen, Almudena Grandes), *Het wilde meisje* (Isabel-Clara Simó). Ook vrouwennamen doen het goed in titels: Malena, Lulu, Bene... Dat het misschien voornamelijk om een editoriaal fenomeen gaat, bewijst de vertaling van de romantitel *Nubosidad variable* van Carmen Martín Gaite: in plaats van *Wisselvallige bewolking* werd het in het Nederlands: *Spaanse vrouwen, bewolkte luchten*. Blijkbaar appelleren die Spaanse vrouwen ergens aan.

De hedendaagse romanliteratuur in Spanje is, zoniet vrouwvriendelijk, dan toch vrouwgevoelig. Dat lijkt logisch, omdat statistisch aan te tonen is dat vrouwen meer romans lezen dan mannen. Iets anders is dan weer de vraag of er ook een specifieke *escritura femenina* bestaat. Schrijven vrouwen anders dan mannen? Hebben zij een andere kijk op wat literatuur zou moeten of kunnen zijn? Veel feministische critici zijn op theoretische basis met deze vraag bezig en een aantal schrijfsters (onder wie vooral de uit Uruguay afkomstige Cristina Peri Rossi) probeert expliciet vanuit een feministische poëtica te schrijven. In wat volgt, interesseert mij alleen hoe het werk van een aantal individuele Spaanse schrijfsters eruit ziet. Hoe gaan zij in hun romans om met de stereotiepen van de vrouwelijke schriftuur?

Carmen Martín Gaite (°1925)

Van de schrijfsters van de eerste naoorlogse generatie zijn Ana María Matute, Carmen Laforet en Carmen Icaza in het Nederlands vertaald. Na 1975 hebben zij echter geen werk van waarde meer gepubliceerd, met uitzondering van Matute's grote historische roman *Olvidado rey Gudú* (Vergeten koning Gudú, 1996). Van Josefina Aldecoa werd eerder *Geschiedenis van een schooljuffrouw* besproken. Interessanter lijkt me het werk van Carmen Martín Gaite, ook iemand van de generatie van Vijftig, de zogenaamde 'verloren generatie', die echter tot op heden romans blijft publiceren en van wie onlangs *Spaanse vrouwen, bewolkte luchten* en *De achterkamer* vertaald zijn.

Net als Josefina Aldecoa is Carmen Martín Gaite met schrijven begonnen uit een soort verbijstering over het begrip 'geschiedenis'. In de deels autobiografische roman *De achterkamer* (1978) wordt het beeld geschetst van een jong meisje dat in het ouderlijk huis in Salamanca een kamer voor zich alleen heeft, waarin ze zich kan opsluiten (een verwijzing naar Virginia Woolfs *A Room on Her Own*). Dan komen, vlak na de Burgeroorlog, de jaren van schaarste en ontbering. Ook de familie hamstert: de achterkamer wordt volgestouwd met conservenblikken en bokalen. Het meisje wordt door de onbarmhartige Geschiedenis uit haar paradijs verdreven. Haar leven lang zal zij door dat feit gefascineerd blijven. In het hele oeuvre van Martín Gaite zit dan ook die dubbelheid: enerzijds een grote belangstelling voor de geschiedenis (het meisje wordt later doctor in de historische wetenschappen) en anderzijds een afkeer ervan (het meisje vlucht in haar verbeelding en wordt romancière).

Als historica heeft Martín Gaite zich niet beziggehouden met veldslagen of vorstenhuizen, maar met het dagelijkse leven van gewone mensen, meestal vrouwen. In *Usos amorosos de la postguerra española* (Liefdesgewoonten in het naoorlogse Spanje, 1987) beschrijft ze gedetailleerd een meisjeseducatie onder het vroege franquisme. Zo is er de officiële propaganda van de Vrouwen-afdeling van de Falangistische Beweging die een sterk geïdealiseerd vrouwbeeld probeert op te leggen. In vrouwenbladen wordt het beeld geschetst van de sterke, optimistische vrouw die erin slaagt door werklust en levensvreugde de grootste rampspoed te overwinnen. In de romans van Carmen de Icaza, vooral in *Cristina Guzmán*, komen alleen praktische, actieve heldinnen voor. In de jaren veertig gold zelfs de cultus van Isabella van Castilië, bijgenaamd 'de Katholieke', Moeder van het Vaderland.

De franquistische propaganda oefende een grote invloed uit op het dagelijkse leven, omdat er in die tijd weinig andere ijkpunten waren. Wel bleef er de herinnering aan de republikeinse vrouw: vrijgevochten, geëmancipeerd, met verantwoordelijkheden buiten huis en keuken. De herinnering aan dit vrouwtype leefde voort in de populaire *coplas* van zangeres Conchita Piquer: de vogelvrije vrouwen in deze liedjes ondergroeven de fundamenten van het geluk zoals dat door de propagandisten van de hoop gepredikt werd. Deze vrije vrouwen of *libertarias* (ook de naam van een film van Vicente Aranda over de rol van republikeinse vrouwen tijdens de Burgeroorlog, 1996) waren zowat de tegenpolen van 'de Carmencita's van het Iberische schiereiland die hun toekomstige echtgenoten alleen maar door ijzeren spijlen van balkons konden zien en die hun leven leefden van afzondering en traditie', zoals Lechner het omschrijft.

Voorts besteedt Martín Gaite in *Usos amorosos de la postguerra española* veel aandacht aan de kleine dingen van een vrouwenbestaan: kapsels, naaipatronen, afbeeldingen in tijdschriften, enzovoorts. Heel belangrijk voor vrouwen in die tijd was de literatuur, met name de romannetjes die weliswaar vaak vol ideologische symbolen zaten, maar tevens de kans boden om het dagelijkse bestaan te ontvluchten. Het gevaar van bovarysme (vlucht in de verbeelding) was niet denkbeeldig. Anderzijds was de roman voor een vrouw vaak de enige manier om zich uit te drukken, gebonden als ze was aan het huis.

De romans van Martín Gaite hebben titels als *Entre visillos*
(Tussen vitrages, 1958), *Las ataduras* (De banden, 1960), *Ritmo
lento* (Traag tempo, 1963), *Fragmentos de interior* (Interieurfrag-
menten, 1976) en *De achterkamer*. Altijd gaat het over de binnen-
ruimtes waartoe Spaanse vrouwen veroordeeld zijn, over het
gebonden-zijn aan huis, over het trage ritme van het dagelijkse
leven. Martín Gaite maakt van deze nood een deugd en put zich
uit in intimistische, soms nogal nuffige interieurbeschrijvingen.
In *De achterkamer* (1978) is de beslotenheid bijna verstikkend.
De hele geschiedenis speelt zich af in de werkkamer van de oude
schrijfster. Daar krijgt ze bezoek van een in het zwart geklede man,
een soort journalist die haar komt interviewen over haar leven en
werk. Hieruit volgt een reeks autobiografische bespiegelingen. De
schrijfster schrijft over haar werk, over wat al geschreven is en wat
ze nog zou willen schrijven. Dit is literatuur over literatuur, *literatura ensimismada* (op zichzelf betrokken literatuur) of *metanovela*:
een circulaire, op zichzelf besloten manier van schrijven die perfect
de gesloten ruimtes van keuken en salon weerspiegelt. De feministische critica Béatrice Didier ziet in deze in principe eindeloze
reflectie over het schrijven geen impasse, maar een mogelijkheid
tot emancipatie: het is voor vrouwelijke auteurs misschien wel de
beste manier om over hun eigen identiteit na te denken. Maar ook
dat is een cirkelredenering.

Een ander voorbeeld van zelfreferentiële literatuur biedt het
spaarzame oeuvre van Esther Tusquets (°1936), van wie *De liefde is
een eenzaam spel* (1979) vertaald is. Criticus Francisco Rico schreef
over haar dat er auteurs zijn die altijd dezelfde roman schrijven,
maar dat Esther Tusquets altijd dezelfde bladzijde schrijft.

In *Spaanse vrouwen, bewolkte luchten* (1992), lijkt Martín Gaite
eindelijk naar buiten te treden. De toon is ook een stuk feministi-
scher en tendentieuzer. De hoofdpersonages Sofia en Mariana zijn
allebei vrouwen van middelbare leeftijd, iets jonger dan de auteur,
vriendinnen van vroeger die elkaar uit het oog verloren zijn. Sofia
is het prototype van de goede echtgenote, moeder van drie kinderen, nooit van tussen de vitrages weggeraakt. Nu de kinderen het
huis uit zijn, ziet ze geen uitdaging meer in het leven. Mariana

heeft indertijd een tegengestelde keuze gemaakt en voor een loopbaan gekozen. Zij is psychiater geworden, maar heeft daar veel
voor moeten opofferen. Ook zij bevindt zich nu in een depressie-
ve fase. Martín Gaite laat beide vrouwen naar elkaar brieven schrijven over hun kleine en grote problemen, hun relaties met dochters, mannen en minnaars, de vrouwbeelden die hen opgedrongen
worden en hoe ze daarmee omgaan. Ondanks de intimistische
sfeer van de correspondentie blijft de roman tamelijk schematisch.
Martín Gaite's proza lijdt wel vaker aan nadrukkelijkheid en een
zekere boodschapperigheid. Op het eind van de roman hernieu-
wen de twee vrouwen hun geïdealiseerde vriendschap en sluiten ze
een zusterverbond. Al even uitgesproken feministisch is ook het
moralistische sprookje *Caperucita en Manhattan* (Roodkapje in
Manhattan, 1990), een ode aan de sterke, vrije vrouw die zich niets
gelegen laat liggen aan de maatschappelijke normen.

Een van de problemen waar Martín Gaite zich met name in *De
achterkamer* mee bezighoudt, is wat ze zelf de mysterie-literatuur
noemt. Heel wat van haar vroegere werk bevat fantastische elementen. Eigenlijk moeten we hier – in navolging van de litera-
tuurwetenschapper Tzvetan Todorov – een onderscheid maken
tussen sprookjes en fantastische literatuur. In sprookjes wordt een
wereld opgeroepen die vanaf de eerste regel wonderlijk is. Die
wereld is bevolkt met toverfeeën, eenhoorns, sprekende wolven en
in kikkers veranderde prinsessen, maar niemand verbaast zich
daarover. In sprookjes heersen nu eenmaal andere wetten dan in de
normale wereld. Anders is het gesteld met de fantastische literatuur. De verhalen van Julio Cortázar beginnen in Buenos Aires of
Parijs, in een wereld die op het eerste gezicht volledig normaal
lijkt. Dan gebeurt er ineens iets vreemds, iets dat niet meer door
het gezond verstand of de logica verklaard kan worden. Er is dus
sprake van een breukmoment, van verwarring bij personage en
lezer. Ook veel verhalen van Manuel Vicent uit *Kronieken van de
grote stad* (1993) zijn volgens dat stramien opgebouwd. Carmen
Martín Gaite praktiseert beide genres door elkaar: haar intimistische schildering van vrouwenlevens heeft iets sprookjesachtigs,

omdat die levens buiten de geschiedenis staan. Zij maken deel uit van een gesloten, bij uitstek introspectieve wereld. Bovendien heet het dat vrouwen door het moederschap dichter bij de natuur staan (nog zo'n cliché), waardoor ze beter dan hun carrièregerichte mannen beseffen dat er meer is tussen hemel en aarde. Op dit punt doet de fantastische literatuur haar intrede: door onverklaarbare gebeurtenissen op te nemen in haar verhalen, geeft Martín Gaite zichzelf gewonnen en stelt ze zich open voor het mysterie. Tegelijk werken de fantastische trucjes emanciperend: ze betekenen een breuk, ze slaan een bres in de muffe sprookjeswereld waarin vrouwen vaak noodgedwongen vertoeven en geven een zicht op het echte leven, dat zich buiten afspeelt.

Als we Carmen Martín Gaite beschouwen als de belangrijkste oudere schrijfster van het moment, dan zien we vanuit haar oeuvre twee lijnen ontstaan die door jongere schrijfsters opgenomen worden. Enerzijds is er de fascinatie voor het mysterie, die voortkomt uit het cultiveren van de innerlijkheid, anderzijds is er de aandacht voor de maatschappelijke emancipatie en/of integratie van de vrouw. Deze opsplitsing komt grosso modo overeen met de klassieke liberale tegenstelling tussen privéleven en publieke sfeer. Het gaat echter niet om een absolute tegenstelling, maar om een problematische, zoals uit het werk van Martín Gaite blijkt.

Adelaida García Morales (°1945)

In vele beschouwingen over literatuur worden vrouwen in verband gebracht met de wondere wereld van de magie. Vrouwen zouden een kracht of een gevoeligheid bezitten die mannen verloren hebben. De romantische filosoof Schlegel heeft deze veronderstelling zelfs gebruikt als verklaring voor het feit waarom vrouwen volgens hem minder boeken publiceren dan mannen: zij zijn uit zichzelf al zo poëtisch dat ze het niet meer hoeven op te schrijven. Ook Eduardo Mendoza heeft zich wel eens in gemeenplaatsen uitgelaten over zijn vrouwelijke collega's: vrouwen zouden volgens hem over een bijzonder gevoel voor details beschikken, zij zouden goed zijn in het beschrijven van kleurschakeringen, licht, warmteverschillen, afstanden en stoffen en ook hun tijdsaanvoelen zou zeer speciaal zijn.

Het cliché van de stille, poëtische kracht van vrouwen kan geïllustreerd worden aan de hand van het oeuvre van Adelaida García Morales. Zij is beroemd geworden met *Het zuiden*, een novelle uit 1985 die succesvol verfilmd is, waarin een dochter na de zelfmoord van haar vader diens leven reconstrueert. Als kind al voelde zij zich op een magische manier tot hem aangetrokken. Hij was voor haar een *zahorí* of tovenaar, iemand die met zijn pendel waterbronnen kon opsporen en zich het liefst van al terugtrok in zijn geheimzinnige studeerkamer. Na de dood van haar vader heeft de dochter echter het gevoel dat zij hem nooit echt gekend heeft. Daarom gaat ze naar Sevilla, zijn geboortestad, op zoek naar wie hij werkelijk was. In deze stad in het zuiden komt zij in aanraking met een onvermoed deel van haar vaders leven. De hele zoektocht of *Vatersuche* baadt in een sfeer van mysterie en geheimzinnigheid.

In de korte roman *De logica van de vampier* (1990) zet García Morales een gelijksoortige constructie op. Alleen is de zoektocht naar het verleden van de vader hier vervangen door een zoektocht naar een verloren gewaande broer. Het probleem van dit soort literatuur is echter dat magie maar één keer goed werkt. Wat eerst zo wonderlijk lijkt, is bij het tweede gebruik al een trucje geworden. Ten opzichte van *Het zuiden* vind ik *De logica van de vampier* dan ook een mindere roman. De auteur grijpt ook veel expliciter dan tevoren naar voor de hand liggende motieven uit de traditie van de *Gothic Novel*, zoals bijvoorbeeld het vampirisme. Eveneens in een sprookjessfeer baadt *Het zwijgen van de sirenen* (1985). De mythologische titel zegt eigenlijk al genoeg.

Rosa Montero (°1951)

Ook *El País*-journaliste Rosa Montero begeeft zich graag op het pad van de mysterie-literatuur. In tegenstelling tot García Morales verkent zij echter niet het mistige niemandsland tussen werkelijkheid en magie, maar verzint zij een wereld die alleen in haar dromen bestaat. *Kristal van Koud Water* (1990) is een pure fantasy-vertelling over de totalitaire staat Talapot. In Talapot heerst de Eeuwige Wet. Die wordt in stand gehouden door een klasse van hoofdzakelijk priesteressen. Mannen hebben niet de mogelijkheid om over te gaan naar de zogenaamde Binnenste Ring, waar alle macht en kennis geconcentreerd zijn. De macht in Talapot is absolutistisch religieus: men moet geloven, niet nadenken. 'Zo is het altijd geweest, dat is de norm'. 'Alles wat bestaat, is noodzakelijk'. Het meisje Koud Water is voorbestemd om het ambt van opperpriesteres te bekleden, maar ondanks de sterke indoctrinatie waaraan ze uur na uur bloot staat, kan ze zich niet zomaar neerleggen bij de gang van zaken. Tegen alle verwachtingen in slaagt ze erin uit Talapot te ontsnappen. Dan begint een lange reis die haar langs onbekende oorden zal brengen, zoals bijvoorbeeld de utopische commune Wedergeboorte, gesticht door andere renegaten van Talapot. Ook de mooie idealen van Wedergeboorte blijken in de praktijk niet te werken. Onderweg wordt inmiddels Koud Waters bange vermoeden bevestigd dat het einde der tijden nabij is. Overal waart de Nevel der Vergetelheid die grote stukken van de wereld voorgoed opslokt en zo in een paar minuten eeuwen geschiedenis teniet doet. De wereld lijdt ook aan ontvolking, omdat geen vrouw nog kinderen kan krijgen. Op het eind van het verhaal zal Koud Water naar Talapot terugkeren, in een hoofdstukje getiteld 'Het hart van de duisternis'. *'Je zult in God veranderen indien je de ogen van je geest niet sluit,* had de bedelares gezegd, en nu begreep Koud Water de boodschap. Nooit weer de tirannie van de Wet, nooit meer de afstomping van de dogma's. Om vrij te zijn moesten de mensen streven naar de alwetendheid van de goden. De wil en de rede schiepen werelden'.

Met haar wil en verbeelding schiep Rosa Montero *Het Kristal van Koud Water* – alleen maar door erover te fantaseren, net zoals Koud Water in staat is de wereld van de ondergang te redden door zich erop te fixeren. Ook andere occulte technieken komen ruim aan bod in deze roman: hypnose, telepathie, telekinese, gedaanteverwisselingen. Zoals dat gaat bij een fantasy-verhaal is de symboliek vaak zeer dik uitgesmeerd. Men kan het boek lezen als een politieke parabel: het bestuur op Talapot doet een beetje denken aan de totalitaire *Feliz Gobernación* (Gelukkig Bestuur) uit Miguel Espinosa's *Escuela de mandarines*, dat op zijn beurt een science-fiction-allegorie was van het franquistische systeem. *Het Kristal van*

Koud Water is dus een anti-utopie: de beschrijving van een imaginaire wereld als een hel. Er zitten nogal wat verwijzingen naar Huxleys *Brave New World* en Orwells *1984* in het boek. Men kan de roman ook bestempelen als een feministische anti-utopie, in die zin dat de vrouwen in Talapot de macht in handen hadden en daarom de eerste verantwoordelijken zijn voor de hel die hun maatschappij geworden is. Toch gaat Montero niet zover als de Nicaraguaanse schrijfster Gioconda Belli, die in *Dochter van de vulkaan, De bewoonde vrouw* en *Waslala* het (anti-)utopische gedachtegoed zeer nadrukkelijk met de vrouwenproblematiek in verband brengt. Belli schrijft dan ook tegen de achtergrond van de mislukking van de Sandinistische Revolutie, waarin vrouwen een belangrijke rol gespeeld hebben. Bovendien verweeft Belli veel meer motieven uit het Latijns-Amerikaanse magisch-realisme in haar roman, waardoor men met recht van een magisch-feminisme zou kunnen spreken, mede naar het voorbeeld van Isabel Allende. Overigens zijn zowel *Kristal van Koud Water* als *Waslala* romans waarin de grote levensvragen niet uit de weg worden gegaan.

De roman *Mooi en donker* (1993) begint als een realistische vertelling over een meisje dat in de onbekende grote stad bij familie komt wonen, maar ook hier doet de magie al snel haar intrede in de vorm van een dwergvrouwtje dat zich met toverkunsten bezighoudt. De combinatie magie/realisme zit al min of meer in de titel vervat: 'mooi' staat voor de verlangens en dromen van het meisje, 'donker' voor de rauwe werkelijkheid waarmee zij geconfronteerd wordt in de stad. Utopie en anti-utopie gaan opnieuw hand in hand.

Het tegendeel van een magische roman is dan weer *Als een vorstin zal ik je behandelen* (1983), eigenlijk Montero's debuutroman. De auteur beschrijft op een haast naturalistische, ontluisterende manier het leven van een paar vrouwen in Madrid. Deze vrouwen zijn op hun manier sterk, maar Montero idealiseert ze zeker niet. Bella werkt in een gore nachtclub en zal zich ontpoppen tot een gewelddadige moordenares; Antonia is het type van wat ze in Spanje een *maruja* noemen: een huissloof met krulspelden in het haar die de hele dag naar Latijns-Amerikaanse *culebrones* (soaps) kijkt en verder geen culturele of professionele ambities koestert. Bella en Antonia hebben niet alleen niets magisch, ze zijn ook geen geëmancipeerde vrouwen in de moderne betekenis van het woord: ze leven in de marginaliteit. Montero's fascinatie voor de subnormale onderkant van de maatschappij situeert haar in de traditie van het *desencanto*-proza waarover al bericht werd. *Als een vorstin zal ik je behandelen* doet overigens heel sterk denken aan Javier Tomeo's eerder vermelde *Misdaad in cinema Oriente*.

Almudena Grandes (°1960)

De Madrileense Almudena Grandes maakt al helemaal niet meer de omweg langs het sprookje of de mysterie-literatuur. Grandes werd beroemd en berucht met *Episoden uit het leven van Lulu* (1989), een erotische roman uitgegeven in de reeks *Sonrisa Vertical* of 'Verticale Lach', een suggestieve benaming voor de onderkant van het lichaam. In *Lulu* wordt niet alleen openhartig over seksuele vrouwelijke fantasieën geschreven, die fantasieën worden ook nog door het hoofdpersonage in de praktijk gebracht. *Lulu* was in Spanje een schandaalsucces. Nu was de pornografie al eerder doorgedrongen in de Spaanse literatuur, zoals mag blijken uit het voorbeeld van Cela (maar hij niet alleen). Tot aan *Lulu* leken echter alleen mannen recht te hebben op literaire obsceniteit. Van de *carmencitas* werd meer discretie verwacht: zij moesten zich behelpen met de zoetige *novelas sentimentales* zoals Corín Tellado er bij de vleet schreef. Almudena Grandes' zonde was dat ze de ongeschreven wetten van de pudeur overtrad en haar seksuele intimiteit exhibeerde in een literair werk. Ze deed dit weliswaar door middel van een fictief personage, maar men heeft dat duidelijk niet zo begrepen. Lulu – en daarmee ook haar auteur – is de eerste publieke vrouw van de Spaanse literatuur na 1975. Ook Patty Diphusa, de creatie van Pedro Almodóvar, dingt naar die titel, maar als erotische wensdroom van een man moet zij hier buiten de wedstrijd blijven.

Na *Lulu* heeft Almudena Grandes geprobeerd te bewijzen dat zij niet zomaar de toevallige schrijfster van de *destape* (de seksuele revolutie) was, maar dat haar ambities ook op puur literair gebied lagen. *Vrijdag zal ik je noemen* (1991), de tweede roman, is een misschien niet helemaal geslaagde poging om literair aanvaard te worden. Het is weer een vrouwenboek in die zin dat er veel vrouwen in voorkomen, maar er werd bewust gekozen om al die vrouwen vanuit een mannelijke standpunt te beschrijven. De veertiger Benito heeft vet haar, schilfertjes, een lelijk gezicht en een moederbinding. Dit alles bemoeilijkt zijn relaties met de vrouwen. Passeren de revue: zijn echtgenote Auri, zijn verloren jeugdvriendin Teresa, het dochtertje van de conciërge Conchita, het hoertje met de vele namen Manuela-Manoli-Iris-Vrijdag. De titel verwijst naar de meester-slaaf-verhouding: Robinson (Benito) ontmoet een wilde (hier in de gedaante van een vrouw) die hij Vrijdag doopt en probeert te temmen. De in de titel meegegeven problematiek wordt echter op een nogal gecompliceerde manier in de roman verwerkt, waarbij vooral de compositie niet erg doorzichtig is. Het is alsof Grandes haar pen wilde proberen voor zich aan het grote werk te wagen.

Malena verscheen in 1994 en werd onmiddellijk door de pers als een meesterwerk herkend. *El País* noemde Grandes de gelijke van Isabel Allende, zowat de hoogste lof die men iemand binnen de vrouwenliteratuur kan toezwaaien. Ook uiterlijk vertoont het boek alle kenmerken van een meesterwerk à la Allende: het is een klassiek opgebouwde, zeer narratieve ontwikkelingsroman met enige magisch-realistische bijkleuring. Beschreven worden de vormingsjaren of *éducation sentimentale* van Malena Fernández de Alcántara, dochter uit een roemrijk Spaans geslacht waarvan de koloniale wortels teruggaan tot de vijftiende eeuw. Ook om een andere reden is het een weinig modale familie: er komen namelijk uitzonderlijk veel vrouwelijke tweelingen voor, in iedere generatie wel een paar. Elke tweeling bestaat uit contraire types: je hebt de Reina's en de Magdalena's. De Reina's zijn traditionele vrouwen die zich schikken naar de heersende rolpatronen en daarmee min of meer gelukkig zijn. De Magdalena's daarentegen zijn rebelse *libertarias* die zich nergens kunnen integreren. Politiek gezien zijn de Reina's eeuwige franquisten en de Magdalena's eeuwige republikeinen. Ook de Malena die geboren is in 1960 (haar naam is een gedeeltelijk anagram van Almudena) wil onafhankelijk zijn. Franco sterft als ze vijftien is, net op tijd. Gedaan met de nonnenschool, de uniformen, het zingen van de falangistische hymne 'Cara al sol': Malena ontdekt de seksualiteit en de verliefdheid (in die volgorde) en gaat een moeilijk leven tegemoet. Nooit zal ze helemaal bij de anderen passen, ook al zal ze ook nooit helemaal aan de magische vloek van de familie ontsnappen.

Malena is een ontwikkelings- en een familieroman tegelijk, maar is uitdrukkelijk géén feministisch boek. Het thema van de emancipatie is hoegenaamd niet aanwezig. Malena studeert Engels (een typische studie voor meisjes) en wordt lerares in een avondschool (een al even typisch vrouwenberoep). Als ze een kind krijgt, laat ze haar lessen naar de ochtend verplaatsen. Ze heeft daar echter betrekkelijk weinig problemen mee. Haar leven wordt niet door professionele, maar door affectieve problemen in beslag genomen. Het is zelfs zo dat Malena als jong meisje van haar grootvader een dure smaragd geërfd heeft en de dag dat ze die verkoopt, zal ze geen financiële problemen meer kennen. Bij haar zoektocht naar een eigen identiteit speelt sociale emancipatie dus geen enkele rol. Een feministisch correcte analyse zal *Malena* dan ook aanwijzen als een reactionair boek.

Volgens een interview in *El País* is Almudena Grandes bezig met een stemmenroman, waarin vier vrouwelijke personages om beurten het woord nemen. Wie zich *Spaanse vrouwen, bewolkte luchten* herinnert, zal dit bekend in de oren klinken.

Conclusie

In 'De stoomboot uit Spanje', een artikel uit 1990 dat in *Maatstaf* verscheen, laat de Nederlandse hispanist Robert Lemm zich nogal laatdunkend uit over de hedendaagse romanproductie in Spanje. Volgens Lemm heeft de pasverworven democratische vrijheid nog geen werkelijk waardevolle literaire vruchten opgeleverd. Hij ziet in de alom geproclameerde *boom* dan ook een geslaagde marketingoperatie, meer een symptoom van het yuppiedenken dan het resultaat van een authentieke literaire strijd. 'Beschouwt men de gepropageerde literaire producten van de laatste vijftien jaren dan valt behalve de slaafse navolging van Latijns-Amerikaanse modellen de afwezigheid op van echte kritiek. De schrijvers zijn kennelijk tevreden met de toegenomen materiële welvaart en geven de Mammon van de Markt het gevraagde voedsel, waaronder veel fantasie en feminisme'.

Lemm verwijst hierbij concreet naar Eduardo Mendoza's succesroman *De stad der wonderen* en Alvaro Pombo's *De held van de mansardes van Mansard*. 'Met deze voorbeelden zij een toonaangevende tendens geïnsinueerd van de postfranquistische literatuur: het verlenen van gigantische proporties aan alledaagse mensen en dingen, het opblazen van de werkelijkheid tot een sprookjeswereld, een zucht naar universaliteit die gezocht wordt in de beschrijving van onnoemelijk veel details en een gewilde verdoezeling van "hoofdzaken", hetgeen een onwil lijkt te verraden om zich bezig te houden met wat men wel "het wezen der dingen" noemt. Het lijkt bovendien alsof de moderne Spaanse romancier ervoor terugschrikt om zich met de directe, actuele werkelijkheid bezig te houden'.

Hierna vraagt Lemm zich tot besluit af of er na 1936-1939 nog echt van een Spaanse literatuur gesproken kan worden, in de zin van 'auteurs waar de wereld niet omheen kan'. Het antwoord op die vraag luidt ontkennend: er is niemand met de allure van

Miguel de Unamuno, Antonio Machado of Federico García Lorca, niemand die er heden ten dage in slaagt het typisch Spaanse gezichtspunt te verzoenen met een streven naar universaliteit. Eigenlijk bevestigt Lemm met deze conclusie het dubbele stereotiepe beeld waar ik in mijn woord vooraf al op gewezen heb: Spaanse literatuur is per definitie *oude* literatuur, terwijl in de hedendaagse letteren alleen Latijns-Amerika nog iets voorstelt (Lemm noemt Márquez, Borges en Paz).

Volgens Lemm ligt het probleem bij de almacht van de Markt, in zijn woorden een 'allesverterende Mammon'. Mijn oordeel is een stuk genuanceerder: de markt bestaat wel degelijk en haar invloed op de literaire productie is groot, maar 'allesverterend' lijkt ze me vooralsnog niet. De literatuur is niet louter een marktfenomeen en daar precies liggen haar kansen.

De invloed van de markt is dat ze teksten selecteert op grond van een buiten-literair criterium, namelijk de verkoopbaarheid van het product – wat iets anders is dan 'leesbaarheid'. Die macht is niet alleen repressief (in de zin dat de markt teksten tegenhoudt die onverkoopbaar zijn), maar ook productief (in de zin dat ze een eigen soort literatuur voortbrengt). Zo gebeurt het steeds vaker dat het initiatief voor een publicatie van de uitgever of de literair agent uitgaat. De auteur schrijft dan op uitdrukkelijk verzoek van de marketeer en dient zich te onderwerpen aan een voorafgegeven formule. De helft van de boeken van Vázquez Montalbán is op die manier geschreven. Bovendien zullen auteurs die van hun pen moeten leven misschien geneigd zijn om zowel thematisch als stilistisch de voor de hand liggende weg te kiezen en vooraf al rekening te houden, niet met de lezer, maar met de consument.

Hoezeer de markt ook een stempel drukt op het effectieve aanbod, toch kan men er niet de zondebok van maken voor alles wat er in de literatuur misgaat. Men kan bijvoorbeeld ook wijzen op de voordelen van een degelijke infrastructuur voor de distributie. Verkoopcijfers zeggen weliswaar niet alles over het aantal lezers en over de kwaliteit van het lezen, maar ze geven toch een indicatie. De 'grote' Spaanse schrijver Pío Baroja verkocht in de jaren dertig ongeveer tweeduizend exemplaren van elk van zijn boeken. In de jaren veertig kende Miguel Delibes een groot succes toen van één boek in twee maand tijds vijfduizend stuks over de toonbank gingen. Vandaag zou geen enkele bekende schrijver daar nog zijn hand voor omdraaien. Het publiek bestaat dus. Bovendien heeft de markt een constante behoefte aan nieuwe producenten, waardoor het tegenwoordig moeilijk is om als talentrijke jonge schrijver on-ontdekt te blijven. Zelfs essays en poëziebundels, traditioneel de zwakke broertjes in het commerciële circuit, worden daardoor beter verkocht dan toen dat circuit nog nauwelijks bestond. Ook de professionalisering van de auteursloopbaan heeft behalve nadelen ook voordelen.

De markt is flexibel, zelfs grillig. Voor marketingspecialisten die het koopgedrag willen beheersen, is dat wel eens vervelend, maar de literatuur kan er alleen maar garen van spinnen. Doordat succes zo onvoorspelbaar is, heeft het weinig zin om voor de markt te schrijven. Een goed voorbeeld is Javier Marías: die schrijft in een cerebrale, vermoeiende stijl waarop *copywriters* en redacteuren hun tanden zouden stukbijten. Zijn verhalen kennen geen noemenswaardig actieverloop, zijn niet spannend en slecht gedoseerd. Toch is Marías voor de markt een succesvolle schrijver. Waaraan dat ligt, kan niemand zeggen. Marías is sterk door de media gepusht, maar die publiciteit kwam er eigenlijk pas *nadat* zijn boeken door vele lezers herkend werden als meesterwerken.

Arturo Pérez-Reverte zou een tegenvoorbeeld kunnen zijn: als er iemand voorbestemd leek om succes te hebben, dan hij wel. Zijn romans spelen haast mathematisch in op de verwachtingen van de consument. Alleen, ook dat heeft men pas achteraf kunnen constateren. De relatie tussen succes en literaire kwaliteit is arbitrair: het ene is niet te meten in termen van het andere. De romans van Pérez-Reverte zijn niet goed of slecht *omdat* ze succes hebben, net zoals een geflopte roman van Agustín Cerezales niet slecht of goed is omdat ze *geen* succes heeft.

Wat is dan, afgezien van de markt, de literaire waarde van de hedendaagse Spaanse roman? Dit oordeel hangt af van de lezer.

Wat de een spannend vindt, zal de ander verwerpen. Ook Lemms kritiek zegt evenveel over hemzelf als over de literatuur die hij bespreekt. Zo moet een literair kunstwerk blijkbaar altijd over 'het wezen der dingen' gaan, terwijl anderzijds de 'actualiteit' niet verwaarloosd mag worden. De eis tot verwezenlijking van een dergelijke paradoxale combinatie lijkt Lemm ingegeven door het voorbeeld van de zeer door hem bewonderde filosoof-schrijver Miguel de Unamuno (1864-1916), de man die tijdloze essays schreef in de trant van *Del sentimiento trágico de la vida en los hombres y los pueblos* (Over het tragische levensgevoel in de mensen en de volkeren, 1912) en zich tegelijk als betrokken intellectueel en rector van de universiteit van Salamanca bezighield met de actualiteit van de dag. De conclusie kan dan ook luiden dat de hedendaagse Spaanse romankunst zeer on-unamuniaans en daardoor on-lemmiaans van strekking is. Dat is overigens niet verwonderlijk, want Unamuno heeft zelf nooit *novelas* geschreven, alleen filosofische *nivolas*: het neologisme is van hemzelf en beoogt precies een afrekening te zijn met de traditionele romankunst van zijn tijd. De laatste tijd wordt Unamuno her en der gerehabiliteerd, onder andere naar aanleiding van de zestigste verjaardag van zijn overlijden – tegelijk het begin van de Burgeroorlog -, maar bijna door niemand, behalve door Lemm, wordt hij als romancier hoog ingeschat, wel als essayist, intellectueel en sporadisch als dichter.

Hoe het ook zij, weinig hedendaagse Spaanse schrijvers rekenen het tot hun taak om over 'het wezen der dingen' te schrijven. De enige metafysische schrijver van allure is misschien nog Miguel Espinosa, hoewel men zich kan afvragen of zijn meesterwerk *Escuela de mandarines* niet eerder een proeve van science-fiction of fantastische literatuur is dan wel een oefening in unamuniaanse filosofie. Ook Alvaro Pombo wordt soms als een metafysische auteur bestempeld, omdat hij in zijn romans wel eens verwijzingen naar Hegel of beeldspraak van Heidegger durft op te nemen. Pombo's roman *De held van de mansardes van Mansard* wordt door Lemm echter genoemd als een typisch tegenvoorbeeld van wat een goede roman zou moeten zijn: het verhaal is te onbenullig en bevat te weinig essentiële gebeurtenissen naar zijn zin. Waar het Pombo eigenlijk om gaat, is door middel van literatuur metafysische zin te injecteren in een als nihilistisch ervaren universum. Het gevolg is een bijwijlen zeer nostalgische vorm van estheticisme. Of men daarvan houdt, hangt af van het filosofische temperament van de lezer. *De schaal van de kaart* van Belén Gopegui, een andere filosofische roman, zou om dezelfde redenen niet aan Lemms eisen voldoen. Gopegui's taal is bovendien zeer precieus en barok, wat voor een 'heldere' denker en schrijver als Lemm ook geen pluspunt is. Dat het de hedendaagse Spaanse literatuur aan hersens zou ontbreken, moet echter tegengesproken worden. Daartoe volstaat, naast de hierboven geciteerde voorbeelden, het vernoemen van Félix de Azúa. In het dagelijkse leven bezet de Catalaan Azúa een leerstoel esthetica, maar net als zijn Baskische collega Fernando Savater wil hij een filosoof zijn zonder hoge metafysische pretenties (Savaters grote model is de Roemeense filosoof-antifilosoof Emile Cioran). Azúa's *Dagboek van een idioot* is een vorm van literaire ideologiekritiek: aan de hand van een humoristische vertelling laat de auteur zien dat alle mooie theorieën die op de waarheid aanspraak maken, uiteindelijk op leugens gebaseerd zijn. Nu kan men een dergelijke houding als 'nihilistisch' aanmerken, zoals Lemm ongetwijfeld zou doen, maar dat neemt niet weg dat ze als kritiek op de filosofie zelf ook 'filosofisch' is. *Brains* genoeg dus.

Weinig hedendaagse Spaanse schrijvers zijn echter zo militant anti-ideologisch en antimetafysisch als Azúa. Voor de meesten is de roman geen antidoctrinair, maar een a-doctrinair genre. Eerder dan zich openlijk tegen de grote ideologische verhalen te keren, zetten de meeste romancier zonder veel ceremonie het wezen der dingen tussen haakjes en specialiseren zich in een ander soort problemen.

Een van de mogelijke vormen die deze specialisatie kan aannemen, is de concentratie op de romanvorm 'als dusdanig'. Vroeger was men (geëngageerd) 'intellectueel' of 'schrijver', nu bestaat er zoiets als de 'romancier': iemand die zijn vak gemaakt heeft van het schrijven van romans en niets dan romans. In de praktijk betekent dat vaak een specialisering in het vertellen zonder meer, in het opstapelen van anekdotes of het construeren van suspense. Goede voorbeelden hiervan zijn Bernardo Atxaga's *Obabakoak* en Miquel de Palols *De Tuin der Zeven Schemeringen*, zonder de romans van Arturo Pérez-Reverte te vergeten. Alles draait bij hen om creativiteit, vertelkunst en virtuositeit. Verder reiken de pretenties van deze auteurs niet: 'inzicht' lijkt voor hen dan ook minder belangrijk dan 'vernuft'.

Een andere vorm van specialisatie op de roman is de *metanovela* of *literatura ensimismada* (op zichzelf betrokken literatuur). Een auteur als Carmen Martín Gaite heeft sterk de neiging om de act van het schrijven zelf te thematiseren. Ook het werk van Javier Marías valt onder deze categorie. De hoofdpersonages van Marías zijn literatuurprofessor, vertaler, *ghost writer* of scenarist en denken na over romantechnische thema's. Centrale vragen zijn: wat doe ik als ik schrijf? Wat is verbeelding? Wat is fictie?

Verwant aan de *literatura ensimismada* zijn de egodocumenten of intieme romans. De wereld wordt ingeruild voor de tuin, de grote totaliserende heilsverhalen voor de beschrijving van een privéleven met de daaraan verbonden sentimentele problemen. Opnieuw kan hier de naam vallen van Martín Gaite. Andere voorbeelden zijn Adelaida García Morales, Esther Tusquets en Almudena Grandes, hoewel aan het lijstje ook mannennamen kunnen toegevoegd worden.

Tenslotte is er ook sprake van specialisatie volgens thema's en doelgroepen. Voorbeelden zijn: de *novela negra*, het historische drama, het politieke boek, de vrouwenliteratuur. Elk genre kent zijn eigen modellen en normen, maar interessant wordt het wanneer ingrediënten uit verschillende genres met elkaar gemengd worden, zoals bij Vázquez Montalbán (*Galíndez*) en Muñoz Molina (*Ruiter in de storm*).

In zijn *Vijf memo's voor het millenium* noemt Italo Calvino de 'veelvoudigheid' (*multiplicity*) als een van de typisch literaire kwaliteiten die hij graag behouden zou willen zien. Volgens Milan Kundera is de grootste troef van de moderne roman de ironie. De kunst van de roman bestaat erin door een kunstige combinatie van perspectieven de tragische humor van het menselijke bestaan te laten zien en daarmee de lachwekkendheid van alle discours die beweren de waarheid in pacht te hebben. Kundera noemt een Spaanse roman als eerste voorbeeld: de *Don Quichot*. In deze cervantijnse lijn ligt het werk van de vijf M's: Javier Marías, Eduardo Mendoza, Juan José Millás, Antonio Muñoz Molina en Enrique Vila-Matas. Al deze auteurs huldigen het principe van de veelvoudigheid en de ironie, zij het met de nodige onderlinge verschillen.

Is de hedendaagse Spaanse literatuur de moeite waard? Nogmaals, in zijn algemeenheid is deze vraag niet te beantwoorden. Uit zichzelf is de Spaanse literatuur allicht niet interessanter of minder interessant dan de Franse, Italiaanse, Duitse of Nederlandse. Variëteit is er in elk geval genoeg, zodat iedereen wel zijn gading vindt. Over het algemeen lijken die lezers bevoordeeld die graag pretentieloze verhalen lezen. *Lo placentero* (het aangename) haalt het uiteindelijk toch van *lo caviloso* (dat waar men moet over nadenken), hoewel die twee niet altijd haaks op elkaar staan. Auteurs verkiezen over het algemeen lichtvoetigheid boven ernst, elegante stijl, sfeertekening of suspense boven 'hard denken'.

Wat de Spaanse literatuur voor Nederlandstalige lezers interessant maakt, is de confrontatie tussen verschillende culturele canons. De gevoelswereld van Muñoz Molina is anders dan die van Claus of Van der Heijden en dat heeft veel, zoniet alles te maken met de geschiedenis van de Spaanse taal en literatuur. Misschien gaat de toeristische slogan 'Spanje is anders' niet meer op, omdat het land steeds meer op de rest van Europa is gaan lijken, maar in de literatuur blijft die andersheid toch gedeeltelijk gehandhaafd. Ook de roman van na 1975 is ondenkbaar zonder de schelmentraditie, *La Celestina*, Cervantes of *esperpento*. De verwerking van die specifieke literaire cultuur, gecombineerd met motieven uit de *global village*, geeft aan de hedendaagse Spaanse roman die mengeling van oud en nieuw, van herkenbaarheid en vreemdheid die literatuur potentieel spannend maakt.

Bibliografie

Spaanse romans in vertaling (1975-1996)

Aldecoa, Josefina, *Geschiedenis van een schooljuffrouw*, Den Haag, Menken Kasander & Wigman, 1994, vert. Eugenie Schoolderman.

Atxaga, Bernardo, *De man alleen*, Amsterdam, Nijgh & Van Ditmar, 1995, vert. Johanna Vuyk-Bosdriesz.

Azúa, Félix de, *Geschiedenis van een idioot door hemzelf verteld of De inhoud van het geluk*, Amsterdam, Contact, 1989, vert. Barber van de Pol.

Azúa, Félix de, *Dagboek van een vernederd man*, Amsterdam, Contact, 1990, vert. Mariolein Sabarte Belacortu.

Cela, Camilo José, *Mazurka voor twee doden*, Amsterdam, Meulenhoff, 1990, vert. Ton Ceelen.

Delibes, Miguel, *De heilige dwazen*, Groningen, BoekWerk, 1988, vert. Paul Aquarius.

Espinosa, Miguel, *Stuitende burgers*, Den Haag, Menken Kasander & Wigman, 1993, vert. Adri Boon.

Fernández Cubas, Cristina, *Een jaar als je belieft*, Haarlem, In de Knipscheer, 1988, vert. Stefaan van den Bremt.

Fernández Santos, Jesús, *Buiten de muren*, Amsterdam, Wereldbibliotheek, 1985, vert. Ton Ceelen.

García Morales, Adelaida, *Het zuiden & Bene*, Breda, De Geus, 1995, vert. Elly de Vries-Bovée.

García Morales, Adelaida, *Het zwijgen van de sirenen*, Breda, De Geus, 1992, vert. Hanny Berkelmans.

García Morales, Adelaida, *De logica van de vampier*, Breda, De Geus/ Epo, 1993, vert. Hanny Berkelmans.

Gopegui, Belén, *De schaal van de kaart*, Amsterdam, De Bezige Bij, 1995, vert. Mariolein Sabarte Belacortu.

Grandes, Almudena, *Episoden uit het leven van Lulu*, Amsterdam, Ooievaar, 1995, vert. Saskia Otter.

Grandes, Almudena, *Vrijdag zal ik je noemen*, Houten, Agathon, 1992, vert. Ester van Buuren en Jacqueline Hulst.

Grandes, Almudena, *Malena*, Amsterdam, Prometheus, 1996, vert. Heyo W. Alting, Sophie Brinkman en Ester van Buuren.

Landero, Luis, *De geschiedenis van een onbegrepen man*, Amsterdam, Amber, 1992, 1992, vert. Elly de Vries-Bovée.

Llamazares, Julio, *Wolvemaan*, Amsterdam, Fragment, 1990, vert. Danny Meynderts en Corrie Rasink.

136   BIBLIOGRAFIE

Llamazares, Julio, *De gele regen*, Amsterdam, Fragment, 1990, vert. Francine Mendelaar en Danny Meynderts.

Loriga, Ray, *Het ergste van alles*, Amsterdam, Nijgh & Van Ditmar, 1993, vert. Arie van der Wal.

Loriga, Ray, *Helden/ Heroes*, Amsterdam, Nijgh & Van Ditmar, 1995, vert. Arie van der Wal.

Loriga, Ray, *Engel des doods*, Amsterdam, Nijgh & Van Ditmar, 1996, vert. Arie van der Wal.

Mañas, José Angel, *Madrileense roulette*, Amsterdam, Nijgh & Van Ditmar, 1996, vert. Doortje ter Horst.

Marías, Javier, *Een man van gevoel*, Amsterdam, Meulenhoff, 1991, vert. Aline Glastra van Loon.

Marías, Javier, *Aller zielen*, Amsterdam, Meulenhoff, 1992, vert. Aline Glastra van Loon.

Marías, Javier, *Een hart zo blank*, Amsterdam, Meulenhoff, 1993, vert. Aline Glastra van Loon.

Marías, Javier, *Denk morgen op het slagveld aan mij*, Amsterdam, Meulenhoff, 1996, vert. Aline Glastra van Loon.

Marsé, Juan, *Het meisje met het gouden slipje*, Amsterdam, Meulenhoff, 1981, vert. Aline Glastra van Loon.

Martín Gaite, Carmen, *Spaanse vrouwen, bewolkte luchten*, Amsterdam, Arena, 1994, vert. Francine Mendelaar en Harriët Peteri.

Martín Gaite, Carmen, *De achterkamer*, Amsterdam, Arena, 1996, vert. Francine Mendelaar en Harriët Peteri.

Mendoza, Eduardo, *De zaak Savolta*, Amsterdam, Arena, 1992, vert. Francine Mendelaar en Harriët Peteri.

Mendoza, Eduardo, *Het geheim van de behekste crypte*, Amsterdam, Arena, 1991, vert. Francine Mendelaar en Harriët Peteri.

Mendoza, Eduardo, *Het labyrint van de olijven*, Amsterdam, Arena, 1995, vert. Francine Mendelaar en Harriët Peteri.

Mendoza, Eduardo, *De stad der wonderen*, Amsterdam, Arena, 1990, vert. Francine Mendelaar en Harriët Peteri.

Mendoza, Eduardo, *Het ongekende eiland*, Amsterdam, Arena, 1990, vert. Harriët Peteri.

Millás, Juan José, *Elena's eenzaamheid*, Amsterdam, Contact, 1991, vert. Mariolein Sabarte Belacortu.

Montero, Rosa, *Het Kristal van Koud Water*, Amsterdam, Wereldbibliotheek, 1991, vert. Giny Klatser.

Montero, Rosa, *Mooi en donker*, Amsterdam, Wereldbibliotheek, 1994, vert. Mieke Westra.

Montero, Rosa, *Als een vorstin zal ik je behandelen*, Amsterdam, Muntinga, 1993, vert. Emmy Kwant.

Muñoz Molina, Antonio, *Prins der duisternis*, Breda, De Geus, vert. Ester van Buuren.

Muñoz Molina, Antonio, *Winter in Lissabon*, Breda, De Geus, 1995, vert. Jacqueline Hulst en Ester van Buuren.

Muñoz Molina, Antonio, *Ruiter in de storm*, Breda, De Geus, 1994, vert. Ester van Buuren.

Pombo, Alvaro, *De held van de mansardes van Mansard*, Den Haag, Menken Kasander & Wigman, 1995, vert. Elly de Vries-Bovée.

Pombo, Alvaro, *Lichte vergrijpen*, Den Haag, Menken Kasander & Wigman, 1995, vert. Elly de Vries-Bovée.

Pombo, Alvaro, *De aangenomen zoon*, Leiden, Menken Kasander & Wigman, 1996, vert. Elly de Vries-Bovée.

Pérez-Reverte, Arturo, *Het paneel van Vlaanderen*, Baarn, De Prom, 1993, vert. Jean Schalekamp.

Pérez-Reverte, Arturo, *Comancheland*, Baarn, De Prom, 1995, vert. Jean Schalekamp.

Pérez-Reverte, Arturo, *De club Dumas of De schaduw van Richelieu*, Baarn, De Prom, 1995, vert. Jean Schalekamp.

Tomeo, Javier, *De markies schrijft een opmerkelijke brief*, Amsterdam, Wereldbibliotheek, 1985, vert. Jean Schalekamp.

Tomeo, Javier, *Geliefd monster*, Amsterdam, Wereldbibliotheek, 1986, vert. Jean Schalekamp.

Tomeo, Javier, *Misdaad in cinema Oriente*, Amsterdam, Wereldbibliotheek, 1996, vert. Jean Schalekamp.

Tusquets, Esther, *De liefde is een eenzaam spel*, Amsterdam, Meulenhoff, 1987, vert. Arie van der Wal.

Vázquez-Figueroa, Alberto, *De hond*, Leuven, Davidsfonds, Kadmos, 1979, vert. Willy Spillebeen.

Vázquez-Figueroa, Alberto, *De wraak van de jager*, Utrecht, Kadmos, 1987, vert. Pieter Janssens.

Vázquez-Figueroa, Alberto, *Ebano*, Utrecht, Kadmos, 1988, vert. Pieter Janssens.

Vázquez-Figueroa, Alberto, *Océano*, Weert, Kadmos, 1989, vert. Pieter Janssens.

Vázquez Montalbán, Manuel, *De pianist*, Houten, Agathon, 1989, vert. Saskia Otter.

Vázquez Montalbán, Manuel, *Galíndez, spoorloos verdwenen*, Breda, De Geus, 1995, vert. Saskia Otter.

Vázquez Montalbán, Manuel, *Autobiografie van Generaal Franco*, Den Haag, Menken Kasander & Wigman, 1994, vert. Saskia Otter.

Vicent, Manuel, *Kronieken van de grote stad*, Amsterdam, Coppens & Frenks, 1991, vert. Henriëtte Aronds en Maarten Steenmeijer.

Vila-Matas, Enrique, *Voorbeeldige zelfmoorden*, Amsterdam, Nijgh & Van Ditmar, 1992, vert. Judith Uyterlinde.

Vila-Matas, Enrique, *Dada uit de koffer. Beknopte geschiedenis van de draagbare literatuur*, Amsterdam, Nijgh & Van Ditmar, 1995, vert. Doortje ter Horst.

Zarraluki, Pedro, *De kikkerwachter*, Den Haag, Menken Kasander & Wigman, 1993, vert. Eugenie Schoolderman.

Aanvullende lectuur

Alonso Hernández, J.L. (e.a.), *Spaanse letterkunde*, Utrecht, Het Spectrum, 1981.
Almodóvar, Pedro (e.a.), *¡Nueva España!*, Amsterdam, Meulenhoff, 1992, vert. diversen.
Arrabal, Fernando (e.a.), *Spaans verhaal. Zeventien Spaanse schrijvers van nu*, Amsterdam, Meulenhoff, 1985, vert. diversen.
Arrabal, Fernando, *Brief aan generaal Franco*, Amsterdam, SUA, 1975, vert. G.A.B.Loewenthal.
Atxaga, Bernardo, *Obabakoak of Het ganzenbord*, Amsterdam, Nijgh & Van Ditmar, 1992, vert. Johanna Vuyk-Bosdriesz.
Bernassar, Bartolomé & Bernard Bessière, *Le défi espagnol*, Parijs, La Manufacture, 1991.
Bosschart, Robbert, *Spanje. Paradijs van tegenstellingen*, Haarlem, Schuyt & Co, 1992.
Bzzlletin. Literair magazine, nrs 201-2, 1992-1993 (dossier 'Spaanse literatuur').
Cela, Camilo José, *De windmolen*, Amsterdam, Meulenhoff, 1989, vert. G.J.Geers.
Cela, Camilo José, *Mrs. Caldwell spreekt met haar zoon*, Amsterdam, Meulenhoff, 1989, vert. Mariolein Sabarte Belacortu.
Cela, Camilo José, *Joden, moren en christenen*, Utrecht/ Antwerpen, Veen, 1989, vert. Ton Ceelen.
Cela, Camilo José, *De bijenkorf*, Amsterdam, Meulenhoff, 1990, vert. J.G.Rijkmans.
Cela, Camilo José, *De familie van Pascual Duarte*, Amsterdam, Meulenhoff, 1990, vert. Aline Glastra van Loon.
Cela, Camilo José, *De nacht van San Camilo*, Amsterdam, Meulenhoff, 1991, vert. Ton Ceelen.
Oriana Fallaci, *Interview met de geschiedenis*, Amsterdam, Bert Bakker, 1988, vert. Thomas Graftdijk en Marguerite Seton.
Fuentes, Carlos, *Apollo en de hoeren*, Amsterdam, Meulenhoff, 1995, vert. Arie van der Wal.
Ian Gibson, *Fire in the Blood. The new Spain*, Londen, BBC/ Faber and Faber, 1992.
Goytisolo, Juan, *De trek*, Lochem, De Tijdstroom, 1961, vert. J.Lechner.
Goytisolo, Juan, *Om hier te leven*, Amsterdam, Meulenhoff, 1985, vert. Marianne Nijhoff.
Goytisolo, Juan, *De identiteit*, Amsterdam, Meulenhoff, 1985, vert. Ton Ceelen.
Goytisolo, Juan, *De wraak van don Julián*, Amsterdam, Meulenhoff, 1986, vert. Ton Ceelen.
Goytisolo, Juan, *Eigen terrein. Een jeugd in Spanje*, Amsterdam, Meulenhoff, 1987, vert. Ton Ceelen.
Goytisolo, Juan, *Gaudí in Cappadocië*, Amsterdam, Meulenhoff, 1990, vert. Ton Ceelen.

Goytisolo, Juan, *Verscheurde koninkrijken. Een schrijver in Parijs*, Amsterdam, Meulenhoff, 1990, vert. Ton Ceelen.

Hooper, John, *The Spaniards. A Portrait of the New Spain*, Londen, Penguin, 1987.

Hughes, Robert, *Het epos van Barcelona. Koningin der steden*, Amsterdam/ Leuven, Balans/ Kritak, 1991.

Lechner, J., *Weerspiegeling van Spanje. De belangstelling voor Spanje in Nederland 1900-1945*, Amsterdam, De Arbeiderspers, 1987.

Lemm, Robert, *Een literatuur van verwondering. Een keuze uit de essays over Spaans-Amerikaanse literatuur*, Kampen, Kok Agora, 1995.

Lissorgues, Yvan, *La rénovation du roman espagnol depuis 1975*, Toulouse, Presses Universitaires du Mirail, 1991.

Magazine littéraire, nr 330, 1995 (dossier 'Espagne: une nouvelle littérature, 1975-1995').

Martín Santos, Luis, *Tijd van zwijgen*, Amsterdam, Meulenhoff, 1963, vert. Jean Schalekamp.

Nooteboom, Cees, *De omweg naar Santiago*, Amsterdam/ Antwerpen, Atlas, 1992.

Palol, Miquel de, *De Tuin der Zeven Schemeringen*, Leiden, Menken Kasander & Wigman, 1995, vert. uit het Catalaans Elly de Vries-Bovée.

Praz, Mario, *De mythe van romantisch Spanje*, Amsterdam, Nijgh & Van Ditmar, 1992, vert. Ike Cialona.

Preston, Paul, *Franco. A Biography*, Londen, HarperCollins, 1993.

Savater, Fernando, *Het goede leven. Ethiek voor mensen van morgen*, Utrecht, Erven Bijleveld, 1996, vert. Adri Boon.

Semprún, Jorge, *De tweede dood van Ramón Mercader*, Houten, Agathon, 1987, vert. Pauline Sarkar.

Semprún, Jorge, *Netsjajev is terug*, Houten, Agathon, 1990, vert. Pauline Sarkar en Michel Perquy.

Semprún, Jorge, *Schrijven of leven*, Amsterdam, Meulenhoff, 1996.

Steenmeijer, Maarten, *De Spaanse en Spaans-Amerikaanse literatuur in Nederland (1946-1985)*, Muiderberg, Coutinho, 1989.

Steenmeijer, Maarten, *De Spaanse literatuur van de twintigste eeuw. Een inleiding*, Muiderberg, Coutinho, 1989.

Steenmeijer, Maarten (red.), *Het Spanje-verlangen. Nederlandse schrijvers over Spanje*, Amsterdam, Wereldbibliotheek, 1992.

Steenmeijer, Maarten, *Moderne Spaanse en Spaans-Amerikaanse literatuur. Van 1870 tot heden*, Groningen, Martinus Nijhoff, 1996.

Todorov, Tzvetan, *Introduction à la littérature fantastique*, Parijs, Seuil, 1970.

Valle-Inclán, Ramón del, *Banderas de tiran*, Amsterdam/ Antwerpen, De Wereldbibliotheek, 1952, vert. L.P.J.Braat & G.Althof-Loubère.

Venmans, Peter, *Schrijven in de politieke tijd. Essays over Semprún, Vargas Llosa, Borges, Cortázar en Vázquez Montalbán*, Kampen, Kok Agora, 1992.

Vilallonga, José Luis de, *Juan Carlos. Koning tussen Franco en Spanje*, Baarn, De Kern, 1993, vert. A. van Lamsweerde.

Spaanse bronnen

Abellán, José Luis (red.), *El exilio español de 1939. IV. Cultura y Literatura*, Madrid, Taurus, 1977.

Manuel Abellán, *Censura y creación literaria en España (1939-1976)*, Barcelona, Península, 1980.

Abellán, Manuel, *Medio siglo de cultura (1939-1989)*, Amsterdam, Rodopi, 1990.

Acín, Ramón, *Narrativa o consumo literario (1975-1987)*, Zaragoza, Universidad, 1990.

Africa Vidal, María Carmen, *¿Qué es el posmodernismo?*, Alicante, Universidad, 1989.

Africa Vidal, María Carmen, *Hacia una patafísica de la esperanza. Reflexiones sobre la novela posmoderna*, Alicante, Universidad, 1990.

Alonso, Santos, *La novela en la Transición (1976-1981)*, Madrid, Libros Dante, 1983.

Amell, Samuel y Salvador García Castañeda (eds.), *La cultura española en el postfranquismo. Diez años de cine, cultura y literatura (1975-1985)*, Madrid, Playor, 1988.

Amorós, Andrés (red.), *Letras españolas (1976-1986)*, Madrid, Castalia, 1987.

Asís Garrote, María Dolores de, *Ultima hora de la novela en España*, Madrid, Eudema, 1992.

Azúa, Félix de, *El aprendizaje de la decepción*, Barcelona, Anagrama, 1996.

Ballesteros, Jesús, *Postmodernidad: decadencia o resistencia*, Madrid, Tecnos, 1989.

Basanta, Angel, *La novela española de nuestra época*, Madrid, Anaya, 1990.

Cambio 16, nr 883, 31.10.1988 (dossier 'La novela española de la democracia').

Carrero Eras, P., *Españoles y extranjeros. Ultima narrativa*, Salamanca, Universidad, 1990.

Cela, Camilo José, *El asesinato del perdedor*, Barcelona, Seix Barral, 1994.

Centro del Libro y la Lectura, *Panorámica de la edición española de libros 1989*, Madrid, Ministerio de Cultura, 1990.

Cierva, Ricardo de la, *No nos robarán la historia. Nuevas mentiras, falsificaciones y revelaciones*, Madridejos, Fénix, 1995.

Conte, Rafael (red.), *Una cultura portátil. Cultura y sociedad en la España de hoy*, Madrid, Temas de Hoy, 1990.

Equipo Reseña, *Doce años de cultura española (1976-1987)*, Madrid, Encuentro, 1989.

Ferreras, Juan Ignacio, *La novela en el siglo XX*, Madrid, Taurus, 1988.

Freixas, Laura (red.), *Madres e hijas*, Barcelona, Anagrama, 1996.

Goytisolo, Juan, *El furgón de cola*, Barcelona, Seix Barral, 1967.

Goytisolo, Juan, *Disidencias*, Barcelona, Seix Barral, 1977.

Goytisolo, Juan, *El bosque de las letras*, Madrid, Alfaguara, 1995.

Grandes, Almudena, *Modelos de mujer*, Barcelona, Tusquets, 1996.

Gullón, Ricardo, *La novela española contemporánea. Ensayos críticos*, Madrid, Alianza, 1994.

Ibáñez, Jesús, *Por una sociología de la vida cotidiana*, Madrid, Siglo XXI de España, 1994.

Insula, nrs 464-465, 1985 (dossier 'Diez años de novela en España (1976-1985)').

Juaristi, Jon, *Literatura vasca*, Madrid, Taurus, 1987.

Leer. El Magazine literario, nr 76, 1995.

Labanyi, Jo, *Myth and History in the Contemporary Spanish Novel*, Cambridge, University Press, 1989.

Marías, Julián, *España inteligible. Razón histórica de las Españas*, Madrid, Alianza, 1985.

Martín Gaite, Carmen, *Usos amorosos de la postguerra española*, Barcelona, Anagrama, 1994.

Millás, Juan José, *Tonto, muerto, bastardo e invisible*, Madrid, Alfaguara, 1995.

Montero, Rosa, *Historias de mujeres*, Madrid, Alfaguara, 1996.

Navajas, Gonzalo, *Teoría y práctica de la novela española posmoderna*, Barcelona, Mall, 1987.

Neuschäfer, Hans-Jörg, *Adiós a la España eterna. La dialéctica de la censura: novela, teatro y cine bajo el franquismo*, Barcelona, Anthropos, 1996, vert. Rosa Pilar Blanco.

Quimera, nrs 106-107, 1991 (dossier 'Los diez mejores libros españoles desde la Transición democrática').

Revista de Occidente, nrs 98-99 (dossier 'Narrativa española actual').

Revista de Occidente, nrs 122-123 (dossier 'España a comienzos de los 90').

Sanz Villanueva, Santos, *El siglo XX. Literatura actual*, Barcelona, Ariel, 1984.

Semprún, Jorge, *Autobiografía de Federico Sánchez*, Barcelona, Planeta, 1977.

Siguan, Miquel, *España plurilingüe*, Madrid, Alianza, 1992.

Steenmeijer, Maarten, *Bibliografía de las traducciones de la literatura española e hispanoamericana al holandés, 1946-1990*, Tübingen, Max Niemeyer, 1991.

Subirats, Eduardo, *La cultura como espectáculo*, Madrid, Fondo de Cultura Económica, 1988.

Tono Martínez, José (red.), *La polémica de la posmodernidad*, Madrid, Libertarias, 1986.

Tusell, Javier, *La dictadura de Franco*, Madrid, Alianza, 1988.

Vázquez Montalbán, Manuel, *Crónica sentimental de la Transición*, Barcelona, Planeta, 1985.

Vázquez Montalbán, Manuel, *Escritos subnormales*, Barcelona, Seix Barral, 1989.

Villanueva, Darío, *Letras españolas (1976-1986)*, Madrid, Castalia, 1987.

Villanueva, Darío (e.a.), *Los nuevos nombres (1975-1990)*, Barcelona, Crítica, 1992.

Register